동화 속 병인을 잡아라!
도로시의 과학수사대

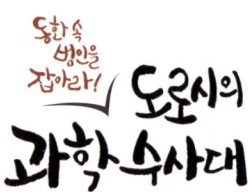

2판 2쇄 발행 2024년 2월 13일

글쓴이	김진욱
그린이	임혜경

펴낸이	이경민
펴낸곳	㈜동아엠앤비
출판등록	2014년 3월 28일(제25100-2014-000025호)
주소	(03972) 서울특별시 마포구 월드컵북로22길 21, 2층
홈페이지	www.dongamnb.com
전화	(편집) 02-392-6901 (마케팅) 02-392-6900
팩스	02-392-6902
전자우편	damnb0401@naver.com
SNS	f ⓘ blog

ISBN 979-11-6363-271-9 74400

※ 책 가격은 뒤표지에 있습니다.
※ 잘못된 책은 구입한 곳에서 바꿔 드립니다.
※ 이 책에 실린 사진은 위키피디아, 셔터스톡에서 제공받았습니다.

도서출판 뭉치는 ㈜동아엠앤비의 어린이 출판 브랜드로, 아이들의 지식을 단단하게 만들어주고, 아이들의 창의력과 사고력을 키워주어 우리 자녀들이 융합형 창의 사고뭉치로 성장할 수 있도록 좋은 책을 만들겠습니다.

동화 속 범인을 잡아라!

도로시의 과학 수사대

글쓴이 **김진욱** 그린이 **임혜경**

뭉치
MoongChi Books

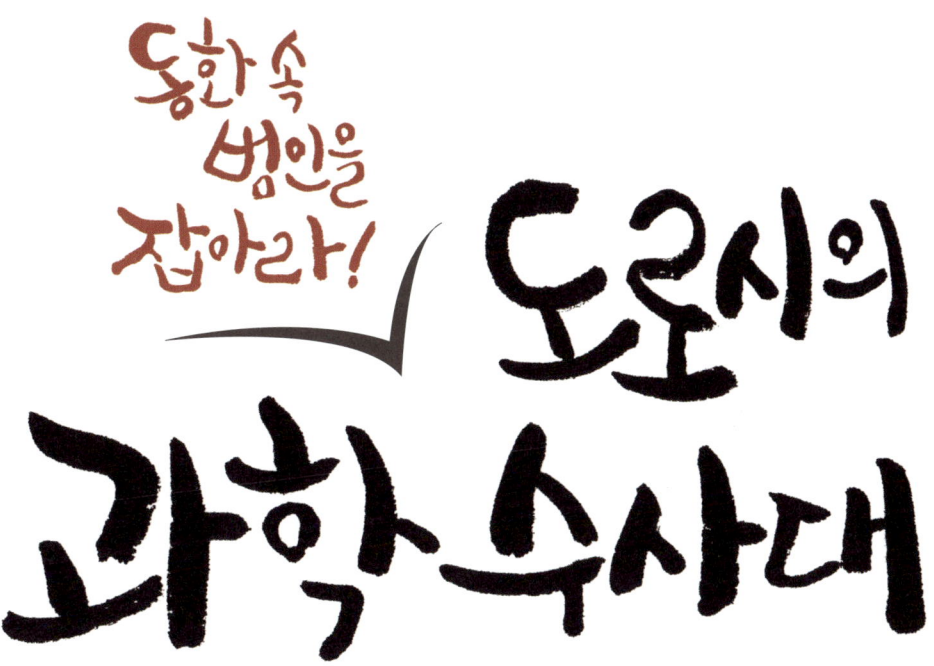

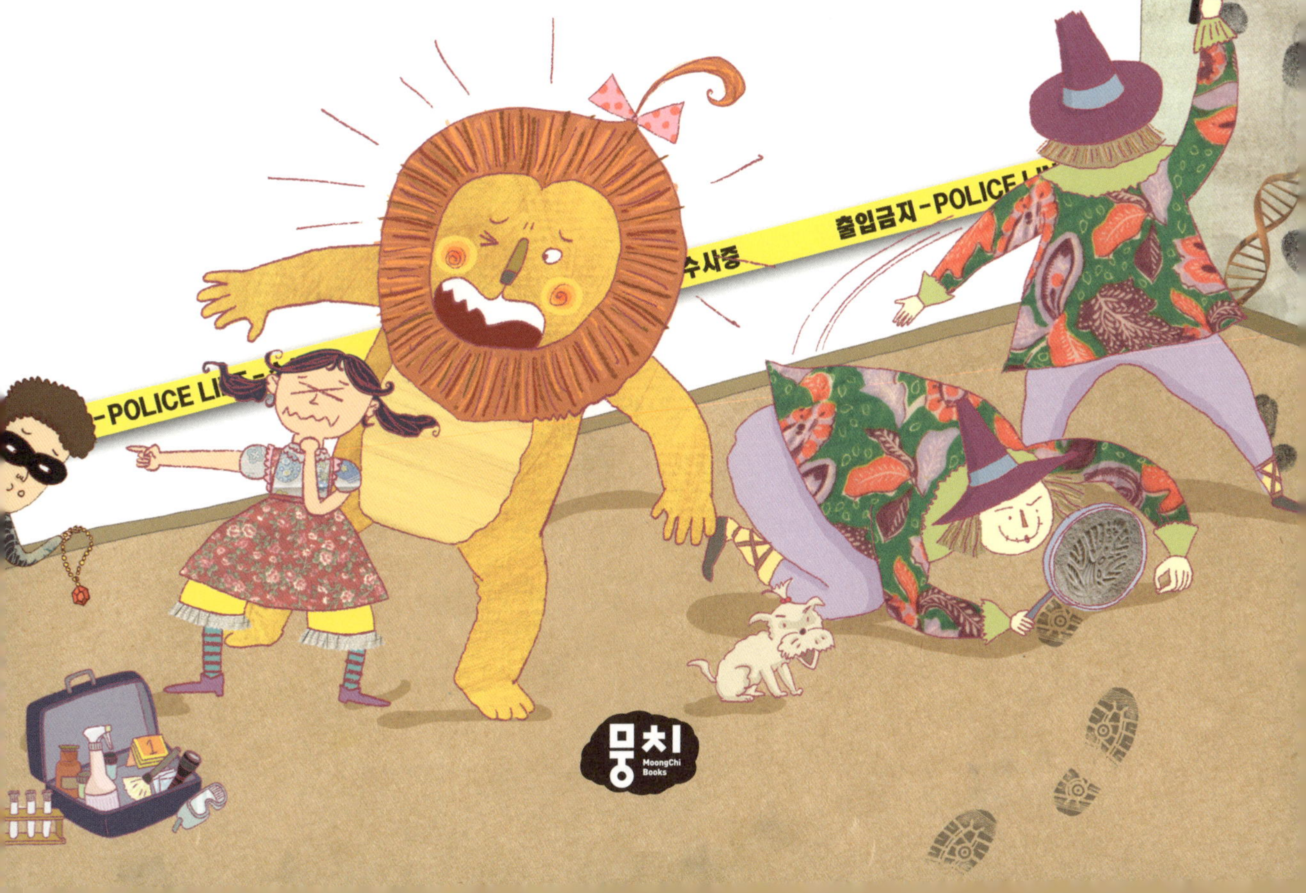

펴내는 글

거짓말 탐지기를 믿을 수 있을까?
유전자 정보를 모으는 일은 인권 침해일까?
완전 범죄는 가능할까?

　선생님의 질문에 교실은 일순간 조용해지기 시작합니다. 인내심이 한계에 다다른 선생님께서 콕 집어 누군가의 이름을 부르는 순간 내가 걸리지 않았다는 안도감에 금세 평온을 되찾지요. 많은 사람 앞에서 어떻게 말을 해야 할까 고민 한번 해 보지 않은 사람은 없을 겁니다.

　사람들 앞에서 자신의 생각을 조리 있게 전달하는 기술은 국어 수업 시간에만 필요한 것이 아닙니다. 학교 교실뿐만 아니라 상급 학교 면접 자리 또는 성인이 된 후 회의에서도 자신의 의견을 분명히 표현할 수 있어야 합니다. 하지만 어디서부터 시작해야 할지 몰라 입을 떼는 일이 쉽지 않습니다. 혀끝에서 맴돌다 삼켜 버리는 일도 종종 있습니다. 얼떨결에 한마디 말을 하게 되더라도 뭔가 부족한 설명에 왠지 아쉬움이 들 때도 많습니다.

　논리적 사고 과정과 순발력까지 필요로 하는 토론장에서 자신만의 목소리를 내려면 풍부한 배경지식은 기본입니다. 게다가 고학년으로 올라가서 배우는 수업과 진학 시험에서의 논술은 교과서 속의 내용만을 요구하지 않습니다. 또한 상대의 의견을 받아들이거나 비판하기 위해서도 의견의 타당성과 높은 수준의 가치 판단을 해야 하는 경우가 많은데, 자신의 입장을 분명히 하기 위해선 풍부한 자료와 논거가 필요합니다. 「초등 융합 사회 과학 토론왕」 시리즈는 사회에서 일어나는 다양한 사건

　과 시사 상식 그리고 해마다 반복되는 화젯거리 등을 초등학교 수준에서 학습하고 자신의 말로 표현할 수 있도록 기획되었습니다. 체계적이고 널리 인정받은 여러 콘텐츠를 수집해 정리하였고, 전문 작가들이 학생들의 발달 상황에 맞게 스토리를 구성하였습니다. 개별적으로 만들어진 교과서에서는 접할 수 없는 구성으로 주제와 내용을 엮어 어린 독자들이 과학적 사고뿐만 아니라 문제 해결력, 비판적 사고력을 두루 경험할 수 있도록 하였습니다. 폭넓은 정보를 서로 연결지어 설명함으로써 교과별로 조각나 있는 지식을 엮어 배경지식을 보다 탄탄하게 만들어 줍니다. 뿐만 아니라 국어를 기본으로 과학에서부터 역사, 지리, 사회, 예술에 이르기까지 상식과 사회에 대한 감각을 익히고 세상을 올바르게 바라보는 눈도 갖게 할 것입니다.

　『동화 속 범인을 잡아라! 도로시의 과학 수사대』는 범인을 밝히기 위해 본격적으로 과학을 이용하는 동화 속 주인공들의 이야기입니다. 오즈의 마법사는 동화 세계에서 일어나는 범죄를 해결해 달라고 도로시와 친구들에게 부탁합니다. 집으로 돌아가고 싶은 도로시, 두뇌가 없는 허수아비, 심장이 없는 양철 나무꾼, 용기가 필요한 사자는 과학 수사를 통해 사건을 하나하나 풀어 나가면서 마침내 자신들의 고민도 해결합니다. 이 책을 통해 어린이 독자들이 과학 수사에 관심을 보이고, 관련된 사회 이슈에 대해 자신의 말로 주장할 수 있다면 더 없이 소중한 시간이 될 것입니다.

편집부

차례

펴내는 글 · 4
출동 과학 수사대! · 8

1장 현장 수사부터 해 볼까? · 11

현장부터 꼼꼼히 살펴야지!
디엔에이(DNA)도 거짓말을 할까?
핏자국은 지우지 못해!

토론왕 되기! 유전자 정보를 모으는 일이 인권을 침해하는 걸까?

2장 과학 수사의 꽃, 법의학 · 39

장화 홍련이 초절정 꽃미녀였다고?
조선 시대에도 과학 수사를 했다고?
곤충 따위가 무슨 증거가 돼?
눈에 보이지 않는 공포, 독

토론왕 되기! 법정에 나오는 증거를 모두 믿을 수 있을까?

3장 보이지 않는 공격, 사이버 범죄 · 71

손도 대지 않고 돈을 훔쳐 갈 수 있다고?
나를 도둑맞았어!

토론왕 되기! DNA로 성씨까지 알아낸다!

4장   마음을 알면 행동이 보여! · 89

나쁜 범죄를 저지르는 이유가 뭘까?
잠을 자면 범인의 얼굴이 떠오른다고?
범인의 행동과 심리를 알아내는 프로파일링

토론왕 되기!   법이 완전 범죄를 만든다?

5장   범죄 없는 세상이 올까? · 113

과학 수사에도 한계가 있다고?
범죄 없는 세상이 올까?

어려운 용어를 파헤치자! · 124
과학 수사 관련 사이트 · 127
신 나는 토론을 위한 맞춤 가이드 · 128

 현장부터 꼼꼼히 살펴야지!

 도로시 일행은 마법사 오즈가 사는 성을 뒤로 하고 발길을 재촉했어요. 허수아비는 오즈가 급히 건네 준 가방이 무척 궁금했어요.
"그 가방 안에는 뭐가 들었어?"
"나도 모르지. 사건이 벌어지면 열어 보라던데?"
도로시가 퉁명스럽게 말하자 허수아비가 조심스럽게 말했어요.
"혹시 가방 안이 텅텅 빈 거 아냐?"
"에이, 텅텅 빈 건 네 머릿속이겠지!"
도로시는 툭 하면 허수아비의 아픈 곳을 찔러 댔어요.
"치이, 텅텅 빈 건 내 머리가 아니라 양철 나무꾼의 가슴이지!"
"왜 가만있는 나까지 끌어들여?"

양철 나무꾼까지 가세해 티격태격하는 사이 일행은 어느새 노팅검이라는 도시에 들어섰어요.

마을 입구에 다다르자마자 어디선가 고함 소리가 들렸어요.

"저놈들이다!"

"잡아라!"

순식간에 도로시 일행은 우르르 몰려드는 병사들에 에워싸였어요. 병사들은 다짜고짜 일행의 몸을 밧줄로 꽁꽁 묶기 시작했지요.

"어, 왜 이래요?"

다들 반항해 봤지만 병사들은 들은 척도 하지 않고 일행을 어디론가 끌고 가기 시작했어요. 사람들이 도착한 곳은 도시 한가운데에 있는 성이었어요. 병사들은 도로시 일행을 으슥한 지하 깊은 곳으로 데려갔지요.

"이, 이 사람들이 우리를 죽이려나 봐!"

겁쟁이 사자가 덜덜 떨며 중얼거렸어요.

"에이, 그럴 리가. 딱히 잘못한 것도 없는데?"

도로시는 태연한 척 대답했지만 지하로 내려갈수록 조금씩 불안해졌어요. 지하 마지막 계단을 내려서자 커다란 철문이 떡 하니 열려 있는 게 보였지요. 그 앞에는 무뚝뚝한 표정을 한 노팅검 군주_{나라나 마을을 다스리는 사람}가 서성거리고 있었어요.

"이놈들은 누구냐?"

"처음 보는 놈들입니다. 마을을 수색하던 중 어슬렁거리기에 잡아 왔습니다!"

군주는 날카로운 눈으로 도로시 일행을 하나하나 노려보았어요.

"흠, 너희가 어젯밤에 금고를 털었느냐?"

"엥? 금고라니요? 우리는 이제 막 도착했는걸요!"

도로시가 소리쳤지만 군주는 들은 척도 하지 않았어요.

"이건 단순한 금고가 아니다. 이곳은 노팅검 시민들의 세금을 모아 둔 곳이란 말이다!"

군주는 도로시 일행을 위아래로 훑어보더니 한 병사에게 눈짓을 했어요. 그러자 옆에 있던 병사들이 도로시와 친구들의 얼굴에 검은색 복면을 씌우기 시작했어요.

"어? 뭐하는 거예요? 이거 당장 벗기지 못, 읍! 읍!"

도로시 일행이 몸부림쳤지만 군주는 아랑곳하지 않고 철문 앞에 서 있던 병사에게 물었어요.

"어떠냐? 복면을 쓰니 어젯밤에 침입한 놈들과 똑같지 않느냐?"

병사는 머리를 갸우뚱하며 대답했어요.

"글쎄요. 비슷한 것 같기도 하고, 아닌 것 같기도 하고……."

"아니라고?"

군주가 눈을 부라리며 노려보자 병사가 다급히 대답했어요.

"아, 아닙니다! 어젯밤에 침입한 놈들이 맞습니다!"

군주는 씨익 하고 음흉한 미소를 짓더니 도로시 일행의 복면을 벗기며 말했어요.

"크크, 내 이럴 줄 알았지. 역시 이놈들 짓이다! 당장 감옥에 가둬라!"

군주의 말이 떨어지기가 무섭게 병사들이 우르르 몰려들어 도로시 일행을 붙잡았어요. 그 순간 허수아비가 앞으로 나서며 말했어요.

"에이, 왜 이러실까. 복면을 쓰면 다 똑같아 보이는데 그게 무슨 증거가 되나요? 증거를 찾으려면 과학 수사를 해야죠!"

"과, 과학 수사? 그게 뭐냐?"

군주가 고개를 갸우뚱하며 물었어요.

"먼저 이 밧줄 좀 풀어 주세요!"

허수아비의 당당한 태도에 놀라 도로시가 재빨리 속삭였어요.

"허수아비야, 네 텅 빈 머리로 뭘하려고? 지금은 농담 같은 걸 할 때가 아니야!"

"히히, 걱정 마. 나한테 다 생각이 있으니까!"

허수아비는 성큼성큼 철문 앞으로 다가갔어요. 그 뒤를 도로시 일행과 군주와 병사들이 웅성거리며 우르르 따라갔지요. 순간 허수아비가 갑자기 뒤로 휙 돌며 모두 저리 가라는 손짓을 했어요.

"여긴 범행 현장입니다. 함부로 들어오면 안 돼요!"

허수아비의 당당한 태도에 다들 얼음이라도 된 듯 그 자리에 멈춰 섰어요. 그리고 허수아비에게 집중했지요.

"모든 범죄는 흔적을 남기는 법! 증거를 수집하기 위해서는 눈을 뜨고! 입은 다물고! 손에는 장갑을 끼고! 뭐든 살살 조심해야 합니다."

허수아비는 허리를 숙이고 바닥을 샅샅이 훑어보았어요.

"증거를 수집하려면 가로 세로 1센티미터의 아주 작은 공간도 놓치면 안 돼요!"

몇 초 후, 맨 먼저 눈에 띈 것은 흐릿한 신발 자국이었어요. 진흙이 묻은 발자국은 사선 모양이었지요. 허수아비는 발자국을 확인한 뒤 병사들의 신발 밑창을 살폈어요. 병사들의 신발은 모두 일자 무늬였지요.

"이게 범인의 발자국일 텐데……. 흠, 어떻게 본을 뜨지?"

바로 그때였어요. 도로시가 들고 있던 오즈의 가방이 속삭였어요!

"이봐, 이봐! 나를 허수아비에게 갖다 줘!"

평평한 바닥에 찍힌 발자국은 접착면이 있는 비닐을 대고 모양을 찍어 낸다. 발자국이 움푹 파였을 경우에는 석고를 부어 본을 뜬다.

도로시는 깜짝 놀라 입을 헤 벌렸어요. 가방이 말을 하다니요! 하지만 마법사 오즈가 준 것이라는 사실을 떠올리자 뭐, 납득이 갔어요. 도로시는 아무 말 없이 허수아비에게 가방을 건네었어요. 허수아비가 살짝 떨리는 손으로 가방을 열자 그 안에는 과학 수사에 필요한 도구들이 잔뜩 들어 있었어요.

"우와! 마법의 과학 수사 가방이네!"

"킥킥, 내 진짜 실력은 아직 나오지도 않았다고! 뭐가 필요한데? 말만 하라고!"

허수아비는 수줍어하며 석고를 꺼낸 후 발자국의 본을 뜨기 시작했어요.

지문을 확대해서 보면 선이 더 이상 연결되지 않거나 (A)선이 두 갈래로 갈라지는 곳(B)을 찾을 수 있다. 지문 전문가는 주로 이 두 가지를 살펴서 지문이 같은지를 판단한다.

"바퀴 자국이나 발자국은 이렇게 석고를 이용해서 본을 떠 놓으면 돼요."

그런 다음 허수아비는 가방 안에서 어떤 가루를 꺼내 붓에 묻히더니 벽을 살살 문지르기 시작했어요.

"대체 그건 뭐하는 짓이냐?"

군주가 맘에 들지 않는다는 듯 말했어요.

"지문 감식과학적으로 조사하는 일 중이에요. 지문을 뜨는 방법은 여러 가지인데, 그중 가장 대표적인 게 지금 하는 분말법이죠. 지문이 있을 것 같은 곳에 이런 가루를 뿌려서 지문 모양이 나타나게 하는 거예요. 또 다른 방법으로는 액체법이 있어요. 보통 지문에는 염분소금기이나 단백질 같은 물질이 묻어 나오는데, 화학 약품을 뿌려서 서로 반응이 일어나게 하는 거죠."

허수아비가 과학 수사에 대해 술술 설명하자, 군주뿐만 아니라 도로시 일행도 무척 놀랐어요. 허수아비의 머릿속에는 뇌가 없을 텐데 어찌 된 일일까요?

잠시 후 허수아비는 지문 채취연구나 조사에 필요한 것을 찾아서 얻음를 모두 끝낸 다음, 철문 사이사이를 꼼꼼히 조사하기 시작했어요. 그리고 마침내 금발 머리카락 한 가닥을 집게로 끄집어냈지요.

"이곳을 지키는 병사 가운데 금발머리가 있나요?"

허수아비의 질문에 병사들은 서로의 머리를 보면서 대답했어요.

"다들 갈색 머리인데……."

허수아비는 허리춤에서 비닐봉지를 꺼내 금발 머리카락을 넣은 뒤 도로시에게 넘겼어요.

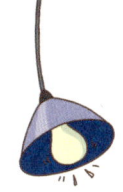

"자, 범인의 정체는 그 증거물 안에 있습니다. 이제 유전자 감식을 할 수 있는 곳으로 데려다 주세요."

허수아비가 그렇게 자신만만하게 말한 적은 처음이었어요.

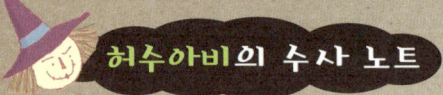

범죄 흔적을 찾아라!

모든 범죄는 흔적을 남긴다! 바로 프랑스의 유명한 범죄학자 에드몽 로카르가 한 말이랍니다. 1912년 에드몽은 어떤 살인 사건을 맡았지만, 유력한 용의자의 알리바이가 확인되는 바람에 사건은 쉽게 풀리지 않았어요. 하지만 에드몽은 포기하지 않고 계속 수사했지요. 그 결과 용의자의 손톱 아래에서 찾아낸 먼지 부스러기가 피해자가 사용하던 분가루라는 걸 밝혀냈어요. 증거가 나오자 용의자는 모든 사실을 자백할 수밖에 없었답니다.

이처럼 범죄를 저지른 사람은 반드시 현장에 흔적을 남기는 법이에요. 때로는 사건 현장에 있는 것을 자기도 모르게 가져가는 경우도 있지요. 과학 수사대는 사건 현장을 샅샅이 조사해 지문, 발자국, 머리카락, 혈흔(핏자국)뿐만 아니라 주변에 있는 흙, 먼지, 보푸라기까지 다 채취해요. 모두 범인을 잡을 수 있는 증거물이거든요. 따라서 증거 수집을 할 때는 유물 발굴을 하는 고고학자처럼 아주 조심스럽게 행동해야 한답니다.

 ## 디엔에이(DNA)도 거짓말을 할까?

"그런데 저 증거물로 어떻게 범인을 안다는 거야? 이러다가 우리 정말로 큰일 당하는 거 아냐?"

겁쟁이 사자가 쪼르르 따라오며 도로시에게 물었어요.

"허수아비와 마법 가방을 믿어 보자고!"

허수아비는 사방으로 막힌 실험실에 도착하자, 마법 가방에서 현미경과 시험관 등 각종 실험 도구를 꺼냈어요. 군주는 여전히 의심스런 눈으로 허수아비를 바라보았어요.

"요즘은 범인을 찾기 위해 유전자(DNA) 감식을 많이 해요. 범행 현장에 남겨진 머리카락이나 체액_{피와 같이 사람 몸 안에 있는 액체} 등에서 유전자를 채취해 용의자의 것과 비교하는 거지요. 군주님, 혹시 생각하고 있는 용의자가 있나요?"

그 말을 듣자마자 군주는 이를 빠득빠득 갈았어요.

"당연히 있지. 당장 그놈의 물건들을 가져와!"

군주의 명령이 떨어지자 옆에 있던 병사가 쌩 하고 다녀왔어요. 병사가 코를 막으며 내민 것은 낡은 녹색 모자와 다 헤진 신발이었어요. 방 안은 금방 고린내로 가득 찼어요.

"로빈 후드라는 도둑놈이 쓰던 모자와 신발이야."

"윽, 냄새!"

사람들은 모두 일제히 코를 감싸 쥐었어요. 허수아비는 먼저 로빈 후드의 모자에서 머리카락을 한 가닥 채취한 뒤, 코를 부여잡고 신발을 이리저리 살펴봤어요. 그리고 석고로 뜬 발자국과 비교해 보았지요. 이럴 수가! 로빈 후드의 신발과 석고 발자국의 크기 그리고 밑바닥의 무늬까지 정확히 일치하지 뭐예요.

허수아비는 계속해서 범행 현장에서 찾은 금발 머리카락과 로빈 후드의 모자에서 발견한 머리카락의 유전자를 검사했어요.

"이제 다 됐다!"

허수아비는 입을 헤 벌리고 자기를 바라보는 일행에게 말했어요.

"사람들의 유전자는 모두 달라요. 몸속 유전자는 규칙적으로 반복되는데 사람마다 반복 횟수가 다르지요. 손가락 지문도……."

"어허, 그딴 복잡한 소리 할 것 없고!"

군주가 허수아비의 말을 자르며 중간에 끼어들었어요.

"증거물이 로빈 후드와 맞는지만 말해! 참고로 로빈 후드의 혈액형은 A형이다."

허수아비가 약간 주눅 든 목소리로 작게 말했어요.

"일치합니다. 지문과 발자국, 유전자(DNA) 정보까지 모두 같아요."

"내가 그럴 줄 알았지!"

군주가 이를 빠드득 갈며 칼을 빼서 높이 추켜올렸어요.

"로빈 후드를 잡으러 셔우드 숲으로 가자! 병사들이여, 나를 따르라!"

군주와 병사들이 우르르 몰려 나가자 허수아비가 어깨를 으쓱하며 물었어요.

"이제 우리는 뭐하지?"

"글쎄, 분위기를 봐서 얼른 빠져나가자. 또 누명을 쓰면 어떡해?"

하지만 일행이 실험실을 나서자마자 병사들이 앞을 가로막았어요.

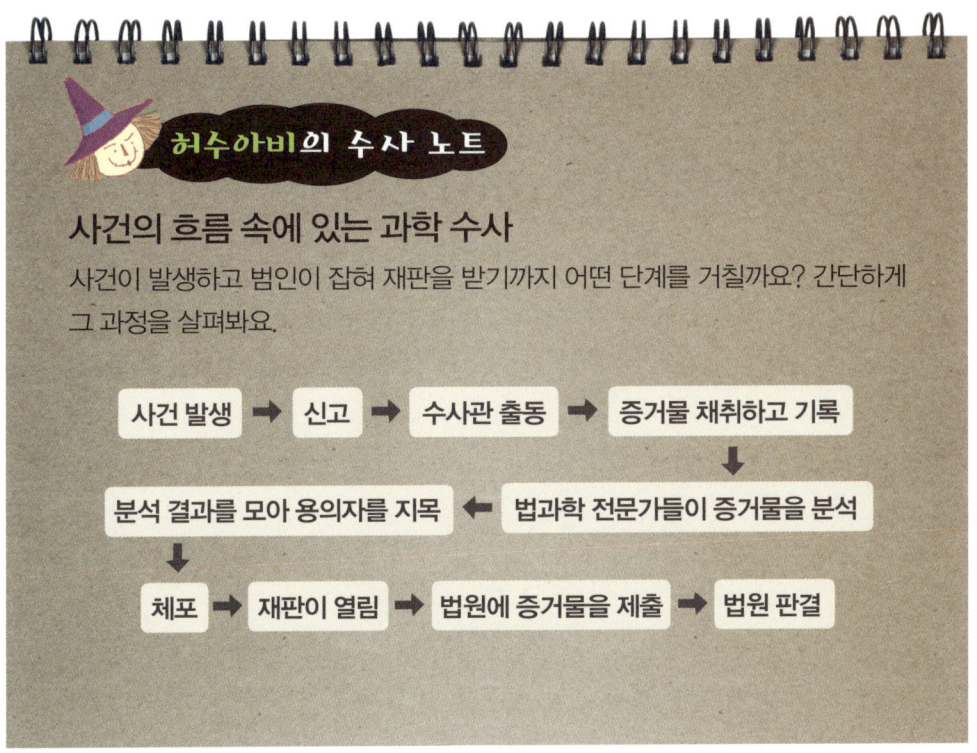

허수아비의 수사 노트

사건의 흐름 속에 있는 과학 수사

사건이 발생하고 범인이 잡혀 재판을 받기까지 어떤 단계를 거칠까요? 간단하게 그 과정을 살펴봐요.

사건 발생 → 신고 → 수사관 출동 → 증거물 채취하고 기록 → 법과학 전문가들이 증거물을 분석 → 분석 결과를 모아 용의자를 지목 → 체포 → 재판이 열림 → 법원에 증거물을 제출 → 법원 판결

도로시 일행이 다시 감옥에 갇힌 지 몇 시간쯤 후였어요. 갑자기 밖에서 우당탕탕 요란한 소리가 나더니 병사들이 한 사내를 붙잡아 데려왔어요. 금발머리 사내는 반항하는 기색도 없이 여유 있는 표정이었어요. 군주가 회심의 미소를 지으며 뒤따라왔지요.

"로빈 후드, 너도 증거 앞에서는 어쩔 수 없구나. 이렇게 순순히 잡히는 걸 보면 말이야, 하하하!"

"후후후, 마음대로 생각하세요. 저는 알리바이가 있으니까요."

로빈 후드는 재미있다는 표정을 지으며 말했어요.

"알리바이? 알리바이가 뭐야?"

양철 사냥꾼이 작은 소리로 허수아비에게 물었어요.

"알리바이는 범죄가 일어난 시각에 용의자가 다른 장소에 있었다는 걸 말해. 알리바이를 증명할 수 있으면 그 사람은 범인이 아닌 거지."

"아하! 그럼 어젯밤에 로빈 후드가 다른 곳에 있었다는 거야?"

그때 군주가 버럭 소리쳤어요.

"누가 네 알리바이를 증명한다는 거냐?"

"어젯밤에 숲으로 캠핑 온 사람들이요. 저랑 그 사람들이랑 함께 바비큐 파티를 했거든요. 확인해 보시던가요."

하지만 군주는 그 주장을 들은 척도 하지 않았어요. 군주는 증거들을 내밀며 말했어요.

"그럼 범행 현장에 네 흔적이 남은 건 어쩐 일이냐? 도둑질도 모자라 이젠 거짓말까지! 이놈을 당장 감방에 가둬라!"

군주의 말이 떨어지자마자 병사들이 우르르 달려들어 로빈 후드를 감방으로 끌고 갔어요. 군주는 도로시 일행을 스윽 돌아보며 말했어요.

"너희는 가도 좋다. 단, 더는 얼쩡거리지 말고 이곳을 당장 떠나거라!"

 ## 핏자국은 지우지 못해!

도로시 일행은 왠지 찜찜한 마음을 뒤로 하고 성을 나섰어요. 날은 서서히 어두워지고 있었어요. 그때 겁쟁이 사자가 우뚝 서며 말했어요.

"이대로 갈 수는 없어. 로빈 후드가 아무래도 누명을 쓴 것 같아. 우리처럼 말이야!"

항상 벌벌 떨기만 하던 겁쟁이 사자의 말에 모두 깜짝 놀랐어요. 하지만 허수아비가 안 된다는 듯 고개를 저었어요.

"증거가 모두 로빈 후드를 가리키는걸. 알리바이 외에는 범인이 아니라는 다른 증거가 없어."

그때 양철 나무꾼이 갑자기 끼어들었어요.

"한 군데 조사하지 않은 곳이 있어."

일행은 다시 성 안 지하 계단으로 숨어 들어갔어요. 마침 해가 져서 주위가 어둑어둑했지요. 계단 중간쯤에 이르자, 양철 나무꾼이 벽을 꼼꼼하게 살펴보기 시작했어요. 그리고 곧 속삭였어요.

"역시 있었어!"

일행은 양철 나무꾼이 가리킨 곳을 자세히 들여다보았어요. 벽 한쪽에 아주 작게 검붉은 얼룩이 보였지요.

"이게 뭐야?"

도로시가 묻자 양철 나무꾼이 대답했어요.

"혈흔이야. 핏자국이라고! 내가 이래 봬도 로봇이라 귀가 밝잖아. 아까 병사들이 속삭이는 소리를 들었어!"

"무슨 소리?"

허수아비가 고개를 갸우뚱했어요.

"한 병사가 어젯밤에 복면을 쓴 괴한이랑 싸우다가 팔이 부러졌대. 그런데 그때 괴한도 그 병사의 칼에 옆구리가 찔려서 피를 흘렸다나 봐. 이걸 보니 그 이야기가 사실이었네."

"군주는 그런 중요한 이야기를 왜 안 해 준 거지?"

"로빈 후드를 무조건 범인으로 몰고 싶은 거야!"

"그럼 저 혈흔을 조사하면 범인이 누구인지 확실히 알 수 있겠네?"

"빨리 서둘러! 마법 가방 출동 준비!"

허수아비의 말에 오즈의 가방이 꿈틀거렸어요.

"어허, 너무 서두르지 마! 먼저 저 얼룩이 정말 사람의 피인지, 동물의 피인지 아니면 케첩인지 아직 모르잖아!"

"그럼 무엇부터 해야 해?"

"자, 여기 루미놀 용액이라는 게 있어. 이 액체를 저 얼룩에 뿌려 봐! 마침 밤이라서 다행이야. 어둠 속에서만 그 반응을 확인할 수 있거든!"

허수아비는 가방 안에서 '루미놀'이라고 적힌 병을 찾아 얼룩 위에 뿌렸어요. 잠시 후 얼룩이 형광색을 띠기 시작했어요.

"야호, 혈흔이 맞아!"

가방이 신 나서 소리쳤어요. 도로시 일행도 덩달아 흥분하기 시작했지요. 가방이 계속 설명했어요.

"루미놀 용액은 혈액(피)과 만나면 빛을 내는 성질이 있거든!"

"우와! 정말 신기한데? 특별한 이유가 있어?"

도로시가 묻자 가방이 으쓱해하며 말했어요.

"간단히 말해서, 루미놀은 혈액 속에

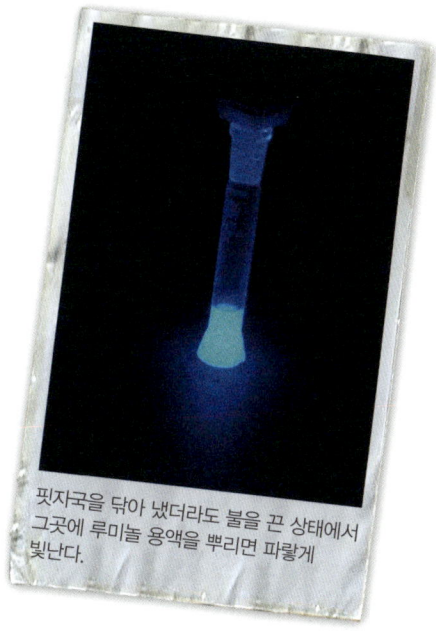

핏자국을 닦아 냈더라도 불을 끈 상태에서 그곳에 루미놀 용액을 뿌리면 파랗게 빛난다.

들어 있는 단백질인 헤모글로빈과 만났을 때 빛을 일으켜. 즉, 사람의 피인지 아닌지 확인할 수 있다는 뜻이지."

"그런데 피는 물로 씻기잖아. 핏자국을 닦으면 소용없지 않아?"

"혈액이 1만~2만 배까지 희석물 등을 넣어 묽게 만듦되어도 반응이 일어나니까 걱정 마!"

허수아비가 서둘러 가방 안을 뒤지며 말했어요.

"자, 빨리 다음으로 넘어가자. 사람의 피라는 걸 알았으니 혈액형 검사를 해 봐야겠어!"

허수아비는 실험 도구를 이용해 혈액형 검사를 했어요.

"혈액형이 B형이라고 나와. 로빈 후드의 혈액형이 뭐지?"

겁쟁이 사자가 얼른 대답했어요.

"아까 군주가 로빈 후드는 A형이라고 그랬는데?"

"그럼 어젯밤에 침입한 괴한은 로빈 후드가 아니라는 건가?"

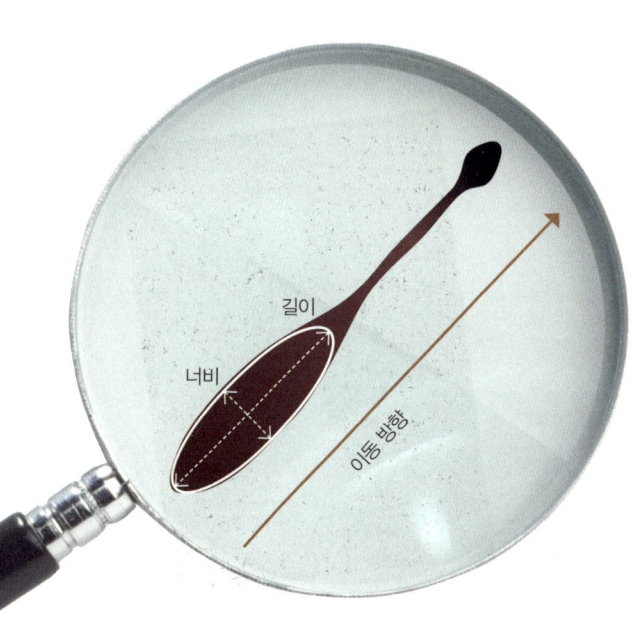

피가 떨어진 자국을 보면 움직인 속도와 도망간 방향을 알 수 있다. 피는 움직인 방향으로 크기가 줄어들며, 움직인 속도가 빠를수록 모양이 찌그러진다.

일행이 모두 어리둥절한 표정으로 마주보고 서 있을 때였어요.

"거기서 뭣들 하느냐!"

갑자기 층계 위에서 벼락처럼 누가 외쳤어요. 도로시 일행이 올려다보니 군주가 병사들을 이끌고 서 있었어요.

"이놈들! 네놈들이 로빈 후드를 탈출시켰지?"

"로빈 후드가 탈출했다고요?"

"모른 척하지 마라. 이 도시를 떠나라고 했는데도 다시 돌아온 것을 보니 네놈들 짓이 확실하구나!"

군주가 천천히 층계를 내려오며 노려보았어요.

"이번에는 너희를 가만두지 않겠다."

도로시와 친구들은 어쩔 줄 몰랐어요. 이번에 갇히면 정말 큰일 날 것 같았거든요.

"왈왈! 왈왈!"

갑자기 강아지 토토가 맹렬하게 짖으며 층계를 뛰어올랐어요.

"토토야!"

도로시가 애타게 불렀지만 토토는 아랑곳하지 않고 뛰어올라 군주에게 달려들었어요.

"아니, 이놈이!"

군주가 들고 있던 칼을 휘둘렀지만 토토는 기가 막히게 피하며 군주의

허리춤을 앙 물었어요. 찌익 소리와 함께 군주의 옷이 찢겨 나갔지요.
"윽!"
군주가 그 자리에 힘없이 주저앉았어요. 군주의 옆구리에는 붕대가 칭칭 감겨 있었고, 붕대에서는 피가 새어 나오고 있었답니다.
"아니, 군주의 옆구리에 상처가 나 있어!"
도로시가 소리치자, 순간 일행의 머릿속으로 같은 생각이 스쳤어요. 토토는 피가 묻은 옷 조각을 냉큼 물고 달려왔어요. 허수아비는 재빨리 혈액형 검사를 했지요.
"B형이야!"

허수아비가 소리쳤어요. 벽에 묻었던 혈흔과 같은 혈액형이었어요.

"어제 침입한 복면 괴한이 당신이었군!"

도로시가 군주를 보며 소리쳤어요.

"그게 무슨 소리냐? 난 모르는 일이다."

군주는 고개를 흔들며 뒤를 보고 외쳤어요.

"뭣들 하느냐? 저놈들을 당장 잡아라!"

병사들이 층계를 우르르 내려와 순식간에 도로시 일행을 에워쌌어요. 바로 그때였어요.

"그들을 가만둬라!"

커다란 외침과 함께 형형색색의 옷을 입은 사람들이 층계 위에서 우르르 내려왔어요. 맨 앞에는 로빈 후드가 커다란 활을 군주에게 겨누며 서 있었어요.

"못된 군주 같으니! 시민들의 돈을 빼돌리기 위해 이런 짓을 꾸미다니!"

"아니야! 내가 한 일이 아니야!"

군주는 칼을 빼들고 로빈 후드를 향해 돌진했지만, 용감한 로빈 후드의 부하들에게 금세 잡혀 버렸어요. 로빈 후드는 발버둥치는 군주를 잠시 바라보더니 도로시 일행에게 다가왔어요.

"너희 덕분에 누명을 벗었구나. 이번 일은 시민을 위해 써야 할 세금을 군주가 혼자 독차지하려고 꾸민 일이란다!"

"그럼 금고 앞에서 발견된 신발 자국이랑 지문 등은 어떻게 된 거죠?"

도로시가 궁금해 하자 로빈 후드가 씩 웃었어요.

"군주가 나한테 누명을 씌우려고 조작한 거야. 너희 덕분에 우리 돈도 지키고, 마침내 못된 군주도 몰아낼 수 있게 되었어. 정말 고맙구나."

"히히, 뭐, 허수아비 덕분이죠!"

도로시가 허수아비의 어깨를 툭 쳤어요. 로빈 후드도 눈을 동그랗게 뜨고 허수아비에게 물었어요.

"두뇌가 없다고 하던데 헛소문이었구나. 누구보다 똑똑한 것 같은데? 과학 수사 하는 법은 대체 언제 배웠지?"

허수아비의 얼굴은 이미 홍당무처럼 빨개져 있었어요.

"저기, 예전에 논밭을 지키는 일을 했는데요. 농작물을 훔쳐 가는 사람들이 어찌나 많은지 직접 범인을 추적하다 보니……."

"뭐라고? 하하하!"

허수아비의 말에 그곳에 모인 사람들이 모두 웃음을 터뜨렸어요. 어느새 창 틈 사이로 햇살이 스며들었어요. 노팅검의 새 아침이 밝았답니다.

 **허수아비의 수사 노트**

법과학(Forensic Science)이란?

과학 수사를 하는 데 이용되는 학문을 '법과학'이라고 해요. 법과학은 생물학, 화학, 물리학 등의 기초 과학과 심리학 등 다양한 학문을 바탕으로 하고 있지요. 그만큼 법과학의 종류도 많고 이에 따른 수사 방향도 달라진답니다.

법과학

법의병리학
주로 죽은 사람을 다루기 때문에 의사 자격증이 필요해요. 사체를 부검해서 사망 원인을 알아내지요.

법생물학
디엔에이(DNA)나 지문 등 생물학적 증거를 조사하고 연구해요.

법인류학
죽은 사람의 뼈를 검사하여 신원과 사망 원인 등을 알아내요.

범죄심리학
사건 현장과 증거들을 확인하여 범죄자의 성격, 행동, 범행 수법 등을 분석해 사건을 해결하는 데 도움을 주어요.

법물리학
교통사고나 총기 사고 등이 일어났을 때 차나 총알 등이 어떻게 움직였는지 분석하여 사고의 원인을 알아내요.

법화학
화재나 폭약 사고 등이 일어났을 때 폭약이나 폭발물 등을 분석해 사건의 원인을 알아내요.

법의곤충학
시체의 몸속에서 나온 곤충의 종류와 애벌레의 성장 단계를 분석해서 사망한 시각이나 원인을 알아내요.

현장 수사부터 해 볼까?

현장 조사를 시작하자!

따르르릉! 네? 사건이 발생했다고요? 알겠습니다. 바로 출동하겠습니다!
과학 수사 요원들이 사건 현장에 도착해서 가장 먼저 하는 일은 무엇일까요?
우선 매의 눈으로 주변과 현장을 살펴보고 곧바로 증거를 수집해야겠지요?
현장 수사에 어떤 도구들이 필요한지 함께 알아봐요!

범죄 현장 봉쇄!
증거물이 한번 훼손되면 다시 되돌릴 수 없어요. 현장에 출동하는 즉시 아무나 함부로 드나들지 못하도록 노란색 폴리스라인을 둘러요.

지문을 찾아라!
범인이 맨손으로 현장에 있는 무언가를 만졌다면 지문이 남아 있을 거예요. 사람들의 지문은 모두 다르고 평생 변하지 않기 때문에 범인을 잡는 데 무척 효과적이에요.

출입금지 - POLICE LINE - 수사중

발자국과 타이어 자국을 살펴라!
현장 주변에 남은 발자국과 타이어 자국의 사진을 찍거나 본을 떠요. 그런 다음 우리나라에서 판매하는 운동화와 자동차의 타이어 무늬가 모두 저장된 시스템을 이용해 확인해 봐요.

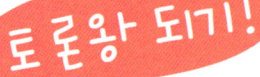

토론왕 되기!

유전자 정보를 모으는 일이 인권을 침해하는 걸까?

만약 범인이 치밀_{자세하고 꼼꼼함}한 계획을 세우고 범행을 저질렀다면 지문이나 발자국 같은 증거를 찾는 건 힘들지도 모른다. 하지만 범인 자신도 모르게 사건 현장에 머리카락이나 침, 피부 조직 등을 떨어뜨렸을 수도 있다. 따라서 이 증거들로부터 유전자(DNA)를 얻을 수 있다면 범인을 찾을 확률도 높아진다.

선진국에서는 유전자 정보를 이용해서 범죄를 해결하는 일이 점점 많아지고 있다. 특히 범죄자들의 유전자 정보를 한데 모아 사건 해결에 적극적으로 활용하고 있다. 영국의 경우 국가가 앞장서서 1995년 세계 최초로 성범죄자의 유전자 정보를 모았다. 그리고 그 범위를 살인이나 강도 등을 저지른 범죄자들로 확대하고 있다. 아시아에서는 홍콩과 싱가포르가 유전자은행_{나라에서 범죄자들의 유전자 정보를 관리하는 것}을 운영한다.

우리나라에서는 1980년대에 이르러 유전자를 분석하기 시작했고, 그 후 각종 범죄와 대형 사고를 해결하는 데 사용하고 있다. 그리고 2010년 7월 26일부터 법적으로 특정 범죄를 저지른 사람의 유전자를 보관할 수 있게 되었다. 우리나라 법무부는 유전자 정보를 활용하면 흉악범_{끔찍한 범죄를 일으킨 사람}이 범죄를 저지르는 것을 막을 수 있을 뿐만 아니라 범인을 빠른 시간 안에 잡을 수 있기 때문에 피해자가 생겨나는 것을 막을 수 있다고 말한다.

하지만 유전자와 같은 개인 정보를 나라에서 관리하는 일에 모든 사람이 찬성하는 것은 아니다. 우리나라는 전 세계에서 보기 드물게 모든 국민의 지문 정보를 나라가 보관한다. 그런데 유전자 정보까지 나라가 관리한다면 개인의 정보를 너무 함부로 사용하는 것이 아니냐는 주장들이 나오고 있다. 또한 경찰과 검찰에서 각각 유전자 정보를 관리하기 때문에 그 정보가 새어 나갈 위험이 높고, 그렇게 되면 도리어 나쁜 일에 쓰일 수도 있는 것이 사실이다.

뿐만 아니라 유전자 정보가 공개되면 심각한 차별을 받을 수도 있다. 실제로 1996년 미국에서는 일부 노동자들의 유전자 정보가 공개되었고, 회사는 그 사람들이 특정 병에 잘 걸릴 확률이 높다는 이유로 일하는 데 차별을 두었다.

범죄를 막을 것이냐 아니면 개인 정보를 보호할 것이냐에 대한 문제는 유럽에서도 찬성과 반대로 나뉘어 팽팽히 맞서고 있다. 유럽인권재판소는 2008년 12월 "영국 정부가 아무런 범죄를 저지르지 않은 사람들의 유전자 정보를 보관하는 것은 잘못이다"라는 판결을 내렸다. 하지만 영국 정부는 심각한 범죄로부터 국민을 보호하기 위해 강제로라도 국가에서 유전자 정보를 모으는 일을 계속하겠다고 발표했다.

유전자 정보는 범죄 사건의 경우 가장 확실한 증거가 되지만, 그만큼이나 중요하고 소중한 개인 정보이기도 하다. 따라서 범죄를 막는 데 적절히 사용하면서도, 동시에 남용_{일정한 기준을 넘어서 함부로 씀}되지 않도록 특히 조심해야 한다. 어느 한쪽이 '옳다, 그르다'를 놓고 싸우기보다는 먼저 서로를 배려하고 충분히 이야기를 나눈 다음, 모든 사람들이 안전하게 살 수 있는 최고의 방법을 찾는 일이 필요할 것이다.

지문을 찾아라!

사람마다 지문은 모두 달라요. 그리고 융선지문에 나타나는 곡선 모양의 형태에 따라 크게 궁상문, 제상문, 와상문으로 나눌 수 있지요. 다음 설명을 읽고 사진 속 지문의 종류를 알아맞혀 보세요.

❶ 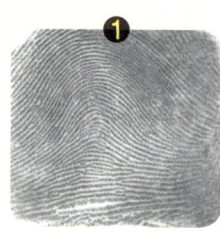 ❷  ❸

제상문
말발굽 또는 고리 모양으로 생긴 지문. 말굽의 열린 부분이 오른쪽이면 우제상문, 왼쪽이면 좌제상문이라고 해요.

궁상문
활 모양의 지문. 가로로 평평한 선이 많이 보여요.

와상문
소용돌이 모양의 지문. 소용돌이 주변에 두 개의 삼각형 모양이 있어요.

정답 ❶ - 궁상문
❷ - 제상문(우제상문)
❸ - 와상문

 장화와 홍련이 초절정 꽃미녀였다고?

도로시 일행은 노팅검을 떠나 산속으로 향했어요. 허수아비는 똑똑하다는 말을 듣고 들떠 있었어요.

"나도 몰랐는데 나한테도 뇌가 있었나 봐! 정말 놀랍지 않니!"

"에고, 우리도 너 똑똑한 거 알거든. 한 번만 더 들으면 100번이겠다."

도로시가 입술을 삐죽거렸어요.

날은 점점 흐려지더니 서서히 안개가 깔리기 시작했어요.

"비가 올 것 같은데."

양철 나무꾼이 걱정스레 하늘을 올려다보았어요. 비를 맞으면 양철 몸 여기저기에 녹이 슬 수 있거든요. 아니나 다를까 쏴아아 하는 소리와 함께 거센 비가 쏟아지기 시작했어요.

"아앗, 큰일이다. 빨리 비를 피해야 해!"

양철 나무꾼과 친구들은 허둥지둥 비를 피할 곳을 찾았어요.

그때 토토가 왈왈 짖으며 덤불 속으로 뛰어 들어갔어요. 도로시가 토토를 부르며 덤불을 헤치자 그 안에서 동굴 입구가 나타났어요.

"와우! 여기 동굴이 있어. 모두 이리 와!"

일행은 재빨리 동굴로 들어가 한숨을 돌렸어요. 양철 나무꾼은 삐걱거리는 몸을 여기저기 살피며 기름칠을 했어요. 그때 바닥에 코를 대고 킁킁거리던 토토가 땅을 마구 파헤치더니 왈왈왈 짖어 대었어요.

"뭘 보고 저러는 거지?"

도로시는 토토가 파헤친 것을 확인하고는 깜짝 놀라 엉덩방아를 찧었어요.

"으아악, 해골이 있어! 그것도 하나가 아니라 두 구야!"

"뭐, 뭐라고? 우리가 들어온 곳이 무덤이었어?"

일행은 모두 몸을 벌벌 떨었어요. 그때 마법 가방이 말했어요.

"이그, 얘들아! 오히려 고마워해야지. 실험해 볼 수 있는 절호의 기회잖아!"

"무슨 실험?"

"과학 수사 공부에 이만큼 좋은 재료가 어디 있어? 뼈와 이를 검사하고 얼굴을 복원(원래대로 돌아감)할 수 있는 기회가 쉽게 오는 게 아니라고!"

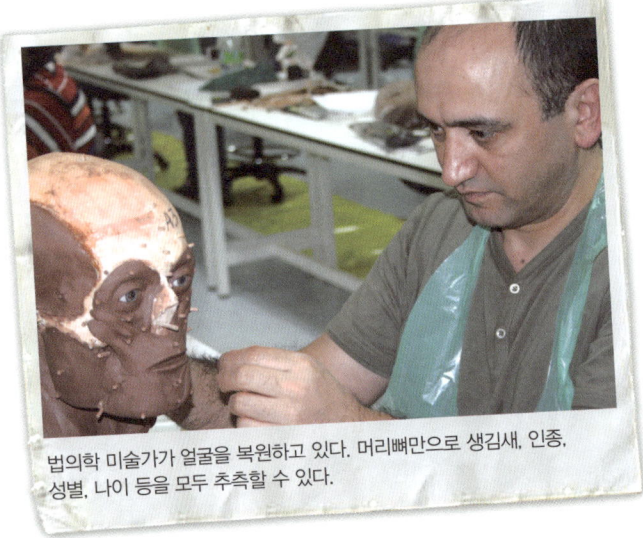
법의학 미술가가 얼굴을 복원하고 있다. 머리뼈만으로 생김새, 인종, 성별, 나이 등을 모두 추측할 수 있다.

"으악, 난 못해! 그런 걸 뭐하러 해?"

겁쟁이 사자가 절레절레 고개를 흔들며 엉덩이를 뒤로 뺐어요.

"이봐, 이봐! 그게 얼마나 중요한데! 뼈와 이를 조사하면 죽은 사람의 성별, 나이 등을 알 수 있다고. 또 얼굴 복원은 비행기 사고처럼 대형 사고가 일어났을 때 희생자들의 신원을 확인하는 데 큰 도움이 돼. 물론 고고학자들이 미라의 죽기 전 모습을 확인할 때도 필요하단다."

"흠, 이야기를 듣고 보니 원래 얼굴이 궁금한데?"

허수아비가 궁금함을 참지 못하고 기어이 말했어요. 그러자 마법 가방이 몹시 기뻐했어요.

"히히, 그럼 차근차근 알려 줄게. 예전에는 점토와 석고로 근육, 살 등을 만들었어. 거의 모든 작업을 사람이 직접 해야 했지."

"모두 직접? 일일이 손으로 하려면 힘들었겠다."

"그렇지. 복원하기 위해서는 과학과 예술이 함께 필요했어. 최근에는 컴퓨터 3D 프로그램을 많이 이용하는데 이집트 파라오의 얼굴을 실제로 복원하기도 했단다."

 허수아비는 마법 가방의 설명대로 컴퓨터의 복원 프로그램을 이용해 동굴에 있던 유골_{무덤 속에서 나온 뼈}의 얼굴을 복원했어요.

 "와아, 엄청 예쁘다!"

 잠시 후 컴퓨터 모니터에 나타난 얼굴은 무척 단아해 보였어요. 참 많이 예뻤지요. 일행은 모두 넋을 잃고 얼굴을 바라보았어요. 바로 그때였어요.

 "어머, 부끄러워라! 내가 그렇게 예뻐? 호호호!"

 어디선가 낯선 여자의 웃음소리가 들려왔어요. 겁쟁이 사자는 펄쩍

양철 나무꾼의 수사 노트

뼈만 보고도 남자와 여자를 알 수 있다고?

두개골과 골반을 조사하면 성별을 알 수 있어요. 여성은 남성보다 골반이 더 넓고 얇거든요. 또한 여성의 눈구멍은 둥글고, 남성의 눈구멍은 각이 져 있어서 사각형과 비슷해요. 남성의 코뼈에 난 구멍은 여성보다 좁고 길지요.

그리고 이가 얼마나 닳았는지, 두께는 어느 정도인지 조사하면 나이를 가늠할 수 있어요. 살아 있을 때 치과에 다녔다면 그 기록과 비교해서 신원을 확인할 수도 있지요. 하지만 이나 뼈를 조사해 얻은 정보는 대략적인 추정_{미루어 생각하여 판단함}일 뿐이에요. 틀릴 가능성도 있기 때문에 다른 증거물도 꼼꼼히 살피는 걸 잊으면 안 돼요.

뛰어 도로시 뒤로 숨었어요. 다른 친구들도 눈만 크게 뜨고 입은 떠억 벌린 채 얼음이 되었어요. 목소리의 주인공은 흰 소복을 입고, 긴 머리를 한…… 귀신이었어요!

"으악, 귀, 귀신이닷!"

허수아비가 깜짝 놀라 외쳤어요.

"어머, 어머, 귀신이 뭐야? 듣는 귀신 기분 나쁘잖아! 고상하게 혼령이라고 불러 줘."

그 귀신은 아랑곳하지 않고 긴 머리를 휘날리며 동굴 안을 떠다녔어요.

"앗, 그러고 보니 저 귀신, 아니 저 혼령…… 컴퓨터 속 얼굴과 비슷하

지 않아?"

 허수아비가 손가락으로 모니터와 혼령을 번갈아 가리켰어요. 일행은 일제히 컴퓨터 속 얼굴과 귀신을 비교하기 시작했어요.

 "정말이네?"

 "흥! 그걸 이제 알았어? 내 이름은 장화야. 그리고 여기는 내 동생 홍련이고!"

 그 말이 끝나자마자 장화의 뒤쪽에서 긴 머리 귀신이 한 명 더 나타났어요.

 "칫, 뭐야. 언니 얼굴만 복원해 주고. 정말 기분 나빠! 내가 훠어얼씬

더 예쁜데!"

홍련이라 불린 귀신은 나오자마자 툴툴거렸어요.

"어휴, 못 말리는 귀신들이네!"

도로시는 귀신 둘이 티격태격하는 것을 보고 겁이 다 달아났어요.

"저 뼈가 너희 거야?"

"그래. 우리는 억울하게 죽어서 하늘로 가지도 못해!"

"뭐가 억울한데?"

"누가 우리를 죽였는데 아직도 범인을 모르겠어. 몇 백 년 동안 사실을 밝혀 달라고 사람들 앞에 나타났는데 다들 기절하거나 놀라서 죽어 버렸지 뭐야!"

양철 나무꾼의 수사 노트

시체가 하얀 뼈(백골)가 되기까지

시체가 땅 위에 있을 경우 1년이 지나면 약간의 근육만 붙어 있는 백골만 남아요. 땅속에 시체가 묻혀 있을 경우는 3~5년이 걸리지요. 10~15년이 지나면 뼈가 부서지기 시작해서 15년이 지나면 뼈의 형태를 알아보기 힘들어요. 뼈의 상태를 보고 사망한 지 얼마나 오래되었는가를 알 수 있답니다.

"그럼 혹시 우리 앞에 나타난 이유도?"

"어머, 너 꽤 센스 있구나. 너희라면 우리 원한을 풀어 줄 수 있을 것 같아!"

도로시가 어처구니없다는 듯 대답했어요.

"벌써 몇 백 년 전 일을 어떻게 밝혀내?"

그러자 장화가 씩 웃으며 말했어요.

"마음만 있으면 방법도 있을 거야!"

장화와 홍련은 그 말만 남긴 채 스르륵 사라져 버렸어요. 그제야 일행은 정신을 차리고 멀뚱멀뚱 쳐다보았어요. 동굴 안은 아무 소리도 들리지 않았지요.

"저기, 우리 귀신에 홀린 거야?"

도로시의 말에 겁쟁이 사자가 몸을 부르르 떨며 말했어요.

"으윽, 기분이 안 좋아. 빨리 이 동굴에서 나가자."

 ## 조선 시대에도 과학 수사를 했다고?

일행은 황급히 동굴 밖으로 뛰쳐나왔어요. 그런데 앞에는 놀라운 광경이 펼쳐져 있었어요. 조금 전 동굴로 들어갈 때는 분명 숲 속이었는

데, 지금은 커다란 저수지 앞이었어요. 그리고 이상한 옷을 입은 사람들이 한곳에 모여 웅성거리는 게 보였어요.

"대체 어떻게 된 일이지?"

도로시 일행은 사람들이 모여 있는 저수지 가장자리로 다가갔어요.

"저기를 봐!"

눈이 밝은 양철 나무꾼이 저수지 한쪽을 가리켰어요. 그곳에는 누군가의 사체죽은 몸가 떠올라 있었어요. 양철 나무꾼은 눈을 가늘게 뜨고 집중했어요.

"어…… 아무래도 장화 같은데?"

"뭐라고?"

도로시가 놀라 되물었어요.

"장화가 확실한 것 같아!"

양철 나무꾼이 확신에 찬 목소리로 말하자, 도로시가 어처구니없다는 듯 투덜거렸어요.

"그 자매들 정말 어처구니없네. 우리를 아예 자기들이 살던 시대로 데려왔어!"

"얼마나 원한이 사무쳤으면 우리한테까지 그런 부탁을 했을까?"

양철 나무꾼이 혼자 중얼거렸어요.

"너는 마음도 없다면서 그걸 어떻게 아냐?"

허수아비가 핀잔을 주자 양철 나무꾼은 슬픈 표정을 지었어요.

"무슨 일이냐?"

그때 누군가가 버럭 소리를 지르며 사람들 사이를 헤치고 나타났어요. 바로 그 마을의 사또였어요.

"사또 나리, 익사물에 빠져 죽음 사건입니다."

포졸 하나가 장대를 이용해 사체를 건진 후 공손히 머리를 숙이며 보고했어요.

"음, 사고인지 타살인지 조사해야겠군! 익사는 사고일 경우가 많지."

사또가 이야기하자 도로시가 소리쳤어요.

"사고사는 아니에요!"

갑작스런 외침에 사또는 깜짝 놀라 도로시 일행을 바라봤어요.

"사고사가 아니라니? 네가 그걸 어찌 아느냐?"

"저, 그게……."

도로시는 머뭇거렸어요. 처녀 귀신들이 나타나 원한을 풀어 달라고 했다는 이야기를 할 수는 없었어요.

"제 말은, 음, 검시시체를 조사해 보는 일를 해 봐야 알 수 있다는 거죠."

"그건 우리가 알아서 할 것이니라!"

사또는 눈을 날카롭게 부릅뜨고 일행을 쳐다보았어요. 그러고는 품 안에서 낡은 책 한 권을 꺼내 들었어요.

"오호, 『무원록』이야!"

마법 가방이 작게 속삭였어요.

"『무원록』? 그게 뭐야?"

"조선 시대의 법의학 책이자 살인 사건 지침서_{도움이 될 만한 내용을 알려 주는 책}야. 사또가 제대로 수사하려는 것 같은데?"

어느새 사또는 장화의 사체를 이리저리 살피고 있었어요. 잠시 후 사또가 혼자 중얼거렸어요.

"몸 전체가 검푸르며 피부가 벗겨진 것으로 보아 죽은 지 벌써 수일이 지났군."

사또는 다시 한 번 『무원록』을 뒤적거린 뒤 다시 사체의 입과 코 안을 이리저리 살폈어요.

"지금 뭐하시는 거예요?"

도로시가 보다 못해 묻자 사또가 무뚝뚝하게 대답했어요.

"살아 있을 때 물에 빠졌는지, 아니면 죽은 후에 물에 넣어진 것인지 조사하고 있다. 만약 죽기 전에 물에 빠진 것이라면, 숨을 쉬면서 물을 마시게 되기 때문에 배 속이 부풀어 오르기 마련이란다. 또 뭐라도 움켜지려고 하기 때문에 손은 안으로 오그라지지. 마지막으로 입과 코 안에 물거품과 맑은 핏자국이 남아 있으면 살아 있을 때 물에 빠졌다는 증거로 볼 수 있어."

양철 나무꾼의 수사 노트

사건의 진상을 밝히는 책!

『무원록』은 중국 원나라의 왕여라는 사람이 송나라의 범죄 사건들을 가지고 만든 법의학 책이에요. 우리나라는 조선 시대 전기부터 이용했지요. 하지만 내용이 어렵고, 우리나라의 상황과 많이 달랐어요. 그래서 영조와 정조는 당시의 전문가들에게 우리나라에 맞게 다시 만들라고 말했답니다. 새롭게 태어난 『무원록』은 실제로 많은 사건들을 해결했어요.

어느 날 전주에 사는 한설운이라는 사람이 목매달아 자살한 사건이 발생했어요. 현장 조사에서는 의심스러운 증거가 나오지 않았지요. 하지만 사체를 꼼꼼하게 조사한 결과, 머리와 얼굴에 맞은 상처가 있었어요. 또한 '죽은 뒤에 목을 매달면 그 빛깔이 희다'라는 『무원록』의 설명과 딱 맞았답니다. 즉, 스스로 죽은 것이 아니라 타살_{남에게 죽임을 당함}이라는 사실이 드러났지요. 나중에 잡힌 범인은 같은 마을에 사는 양시돌이란 사람이었어요. 한설운과 다투다가 일이 커져서 의붓 형과 함께 피해자를 몽둥이로 때려 죽게 한 것이었지요.

이외에 황해도 평산에 사는 박조이라는 여자가 결혼한 지 석 달 만에 자살한 사건도 있었어요. 가족들은 자살이 아니라고 주장하며 왕에게 상소를 올렸지요. 그러자 정조는 직접 재조사를 하라고 지시했어요. 『무원록』을 참고해 사건을 다시 조사한 결과, 피해자를 죽인 사람은 바로 시어머니였답니다.

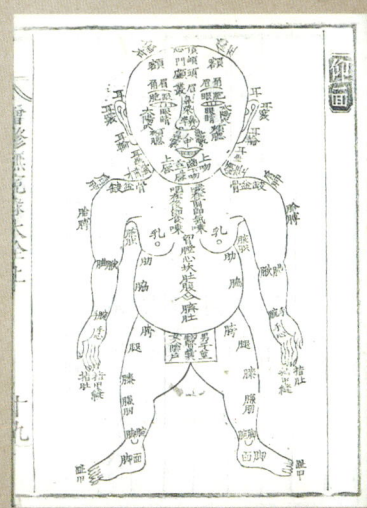

무원록에 나오는 그림. 이 그림을 보고 피해자의 몸을 자세히 조사했다.

과학 수사의 꽃, 법의학

도로시도 『무원록』에 나온 기준대로 장화의 사체를 자세히 살폈어요. 하지만 살아 있을 때 물에 빠졌다는 증거는 하나도 보이지 않았어요.

"흠, 죽은 다음에 물에 빠진 게 틀림없어."

바로 그때였어요. 도로시의 귓가에 여자의 목소리가 들렸어요.

"에구머니, 내 얼굴이 왜 이래?"

도로시 일행이 돌아보자 장화의 혼령이 공중에 둥둥 떠서 자기의 몸을 내려다보고 있었어요.

"흑흑, 내 예쁜 얼굴이 저렇게 변하다니…… 난 몰라!"

양철 나무꾼이 재빨리 옆에 있던 천으로 장화의 몸을 가렸어요. 이유도 모른 채 죽은 것도 모자라 자기의 죽은 몸까지 봐야 하다니. 양철 나무꾼은 가슴 한쪽이 아파오는 것 같았어요. 사또와 다른 사람들은 장화의 혼령이 보이지 않는 것 같았지요.

"얘들아, 뭐하는 거야? 빨리 우리의 억울한 죽음을 밝혀 줘!"

장화는 일행을 재촉했어요.

"네 마음은 알겠는데 일에는 순서가 있는 법이야!

그때 장화의 어깨 뒤로 홍련이 고개를 빼꼼히 내밀면서 저수지를 바라보았어요.

"그런데 내 몸은 어디 있어?"

그러고 보니 이곳에는 장화의 사체만 보였어요. 마침 포졸 한 명이 다가와 사또의 귀에 대고 뭔가를 속삭였어요. 사또는 심각한 얼굴로 부하들을 둘러보며 말했어요.

"산속에서 또 다른 사체가 발견됐다. 어서 가 보자."

도로시 일행은 보지 않아도 알 것 같았어요. 그 사체가 바로 홍련이라는 걸요. 그런 일행의 마음을 아는지 모르는지 홍련은 오히려 밝게 이야기했어요.

"후유, 다행이다. 내 몸만 못 찾는 줄 알았네!"

 ### 곤충 따위가 무슨 증거가 돼?

사또는 서둘러 숲으로 향했어요. 도로시 일행 역시 부랴부랴 따라갔지요. 곧 나무 밑에 뉘여 있는 홍련의 사체가 보였어요.

"도대체 이 자매에게 무슨 일이 있었던 걸까?"

양철 나무꾼이 중얼거렸어요.

"그게 궁금하면 빨리 조사를 해 보란 말이야!"

언제 뒤따라왔는지 장화가 재촉했어요. 홍련은 옆에 서서 눈을 동그랗게 뜨고 자기 몸을 바라봤어요.

"어머, 저 곤충들은 뭐야? 이것들아, 내 몸에서 떨어져!"

홍련은 휙 날아가 자기 몸에 붙어 있는 벌레들을 휙휙 털어 냈어요. 하지만 귀신 손은 허공을 가를 뿐이었지요.

"으앙, 코딱지만 한 벌레 하나도 건드릴 수가 없네!"

홍련은 짜증이 난 듯 씩씩거렸어요. 양철 나무꾼은 홍련 대신에 벌레들을 털어 내기 위해 다가갔어요. 그때 마법 가방이 외쳤어요.

"멈춰! 벌레에 손을 대면 안 돼!"

"엥? 왜?"

"사체에 있는 벌레가 얼마나 많은 이야기를 해 주는지 알아?"

"에이, 벌레 따위가 뭘 알려 준다고 그래?"

"벌레야말로 아주 훌륭한 증인이야. 최근에는 벌레로 증거를 찾는 법의곤충학자라는 직업도 생겼을 정도라니까."

양철 나무꾼이 귀가 솔깃해져 다시 물었어요.

"벌레가 증인이라니 무슨 말이야?"

마법 가방이 대답하기 전 한쪽에서 『무원록』을 뒤적거리던 사또가 양철 나무꾼에게 물었어요.

"넌 대체 무얼 그리 중얼거리느냐? 그리고 뭐? 벌레로 뭘한다고?"

양철 나무꾼은 마법 가방을 뒤로 슬쩍 숨겼어요.

"저, 벌레로 증거를 찾을 수 있을 것 같아요."

"흠, 무원록에는 벌레 이야기가 조금밖에 나오지 않는구나. 어디 네가 한번 증거를 찾아보겠느냐?"

 사또가 양철 나무꾼을 위해 자리를 비켜 주었어요. 양철 나무꾼은 조심스레 조사를 시작했어요. 장화와 홍련은 하늘에서 계속 내려다보고 있었지요.

"어머머, 이 사또 참 멋지다. 높은 사람 같지 않네?"

"그러게. 우리가 만났던 다른 사또들하고는 뭔가 다르지? 은근 매력적이야!"

 도로시는 눈에서 하트를 뿅뿅 날리고 있는 귀신 자매가 너무 황당했어요. 그 사이 양철 나무꾼은 진땀, 아니 기름을 질질 흘리며 사체에 남

겨진 단서를 찾느라 애썼어요.

"킥킥! 기름 좀 닦아 가면서 해!"

양철 나무꾼이 사체 주위의 파리를 향해 손을 휘젓자, 마법 가방이 떠들기 시작했어요.

"파리라는 놈들은 말이야 아주 지독해. 사체가 썩기 시작하면 누구보다 먼저 냄새를 맡고 몰려들거든. 이놈들은 사체에 알을 낳는데, 그 속에서 구더기가 나와 번데기가 된 다음 파리로 변하는 거야."

"으윽, 역시 파리는 별로 도움이 안 돼."

"아니야, 꼭 그렇지만도 않아. 사체에 있는 파리들의 상태를 확인하면 사체가 언제 죽었는지 거의 정확하게 추정할 수 있거든. 또한 죽은 다음에 사체가 옮겨졌는지도 알 수 있어."

"아무튼 지금은 파리 떼를 쫓아야겠어."

양철 나무꾼은 홍련의 몸에 파리와 구더기가 들끓는 것을 보고 싶지 않았어요. 장화와 홍련이 사또를 놓고 이러쿵저러쿵 무얼 떠드는지도 모른 채 말이에요. 마법 가방이 다시 설명했어요.

"파리 떼만 쫓아내서는 소용없어. 최대 여덟 차례에 걸쳐서 다른 곤충들도 사체를 공격하거든. 흠, 지금 파리와 구더기만 있는 것을 보면 죽은 지 채 20시간이 지나지 않은 것 같아."

"헉, 그럼 빨리 홍련의 사체를 수습_거두어 정돈함_해야겠네."

양철 나무꾼은 마법 가방이 설명한 내용을 사또에게 전해 주었어요.

"음, 그럼 사건이 어제 벌어졌다는 뜻이군!"

그때 포졸 하나가 허겁지겁 뛰어왔어요.

"사또 나리, 저 사체들의 신원을 확인했습니다. 이웃 고을에 사는 배

양철 나무꾼의 수사 노트

시신의 정보를 알려 주는 곤충들!

사체가 공기 중에 드러났을 때 첫 번째 침입자는 파리예요. 파리는 오래된 사체는 좋아하지 않기 때문에 시신에서 약 2주 정도만 머물러요. 따라서 사체에서 파리나 구더기가 발견되면 죽은 지 2주 이내라는 뜻이랍니다.

쥐며느리나 딱정벌레, 나방, 말벌 등도 수년에 걸쳐 사체를 공격하기 때문에 시신이 언제 죽었는지 알려 주는 증거가 돼요. 딱정벌레의 경우 죽은 지 3~6달이 지난 사체를 공격하지요.

이렇듯 별거 아닐 것 같은 곤충들이 수많은 사건을 해결하는 열쇠가 돼요. 법의곤충학자들은 곤충의 습성과 기온, 날씨 등을 잘 분석해 사건의 진실을 알아낸답니다.

과학 수사에서 곤충들의 활약은 대단하다. 사람이 죽으면 검정파리와 쉬파리가 가장 먼저 찾아온다. 검정파리와 같은 곤충들이 알을 낳는 시기와 애벌레의 성장 단계를 알면 사망 시기를 추정할 수 있다.

좌수네 딸들이라고 합니다. 주인 양반은 일이 있어서 얼마 전에 한양으로 갔다고 하고요."

"그래? 지금 당장 옆 고을로 가 보자!"

 눈에 보이지 않는 공포, 독

옆 고을로 간 사또는 탐문 새로운 사실이나 소식 등을 알아내기 위해 찾아가서 물어봄 수사부터 시작했어요. 도로시 일행도 정보를 얻기 위해 장터로 향했어요. 떠도는 소문을 알려면 시장만큼 좋은 곳이 없지요. 마침 지게에 나무를 한 아름 지고 가는 나무꾼이 보였어요. 양철 나무꾼은 같은 일을 하는 친구를 만난 반가움에 재빨리 달려가 물었어요.

"혹시 장화와 홍련이라는 자매를 아세요?"

"헉!"

나무꾼은 장화와 홍련이라는 이름을 듣자마자 눈을 왕방울만 하게 뜨더니 서둘러 자리를 피했어요. 지게에서 나무가 마구 떨어지는데도 주울 생각도 하지 않았답니다. 양철 나무꾼이 대신 나무를 주우며 뒤쫓아갔어요.

"이보세요, 여기요!"

그때 허공에 둥둥 떠 있던 장화가 중얼거렸어요.

"어? 저 사람은 우리 집에서 일하는 장쇠 아저씨인데?"

"너희 집에서 일하는 아저씨라고?"

"응. 새엄마가 아빠랑 결혼할 때 데리고 온 하인이야."

그때 양철 나무꾼이 돌아왔어요. 양손에는 나무가 그대로였어요.

"어찌나 빠른지 따라잡을 수가 없네. 그런데 이것도 떨어졌던데?"

양철 나무꾼이 내민 손에는 작은 헝겊 주머니가 놓여 있었어요. 주머니를 열어 보자 하얀 가루가 잔뜩 들어 있었어요.

"쌀가루인가? 한번 먹어 볼까?"

허수아비가 손가락에 가루를 찍어서 입에 넣으려고 할 때였어요. 누군가 허수아비의 손목을 덥석 잡았지요. 바로 사또였어요.

"자네 땅거지인가? 남이 흘린 것을 함부로 먹으면 안 되지! 이건 어디서 났나?"

"저, 그게……."

양철 나무꾼이 설명하자 사또가 고개를 갸웃거렸어요.

"장화 홍련의 집에서 일하는 하인이 자매의 이름을 듣자마자 도망을 쳤다……. 흠, 상당히 수상한데?"

사또는 잠시 뭔가를 생각하더니 곧장 시장으로 가 은비녀 몇 개를 사 왔어요.

"어머, 어머! 우리한테 선물하려나 보다."

장화와 홍련은 하이파이브까지 해 가며 좋아했어요. 두 자매 혼령이 호들갑을 떨거나 말거나 사또는 은비녀를 들고 주막으로 갔어요. 그런 다음 커다란 바가지에 물을 뜨고 그 위에 하얀 가루를 뿌렸지요. 잠시 후 은비녀를 물속에 넣었다 빼자 놀라운 일이 벌어졌어요.

"헉, 저게 뭐야?"

일행은 모두 깜짝 놀랐어요. 반짝반짝하던 은비녀가 흑청색으로 바뀌어 있었거든요.

"흠, 역시 독이군!"

사또가 고개를 끄덕이며 중얼거렸어요.

"장화와 홍련의 사체를 수습해 둔 곳으로 다시 가 보자꾸나!"

사또와 일행은 서둘러 움직였어요. 사또는 새 은비녀를 다시 두 사체의 목구멍에 집어넣었어요. 그리고 입을 종이로 막고 기다렸지요. 그걸 보던 장화의 혼령이 기가 막히다는 듯 호들갑스럽게 떠들었어요.

"어머머, 저 사또가 지금 뭐하는 거야? 머리에 잘 꽂아 줘야지, 왜 목구멍에다가 은비녀를 넣는 거야?"

"기분 나쁘면 사또한테서 마음 접어."

"치, 누가 기분 나쁘대? 머리에 갈 것이 목구멍으로 가니까 그렇지!"

도로시는 대책 없이 긍정적인 자매 귀신을 보고는 못 말리겠다는 듯 고개를 흔들었어요. 잠시 후 사또가 은비녀를 꺼냈어요. 역시 흑청색으로 변해 있었어요. 사또는 포졸 하나에게 조각수쥐엄나무를 끓여서 우려낸 물를 가져오라고 시켰어요.

"『무원록』에 따르면, 흑청색으로 변한 은비녀를 조각수로 씻어 내어 색깔이 그대로면 독으로 죽은 것이라고 하는구나. 만약 독이 아니라면 은비녀의 색깔이 다시 선명하게 희어진다고 하지!"

포졸이 조각수를 대령하자 사또는 그 안에 은비녀를 담가 씻었어요. 하지만 아무리 손으로 문질러도 검은빛은 없어지지 않았어요.

"독살이다!"

사또는 엄숙히 말했어요.

"독으로 죽인 뒤 시신을 버린 것이로구나. 이런 악랄한 짓을 하다니! 아무래도 정면 돌파를 해야겠다!"

사또와 일행은 은비녀를 가지고 자매의 집으로 향했어요. 막 문을 들어서려는 찰나, 안쪽에서 누군가 호통을 치는 소리가 들렸어요.

"칠칠치 못하게 독을 흘리고 다니다니! 혹시 모르니 얼른 이곳을 떠나거라. 주변이 잠잠해지면 내 다시 부를 터이니, 쯧!"

"네, 마님 송구합니다요. 그럼 저는 가보겠습니다요."

문이 끼이익 열리면서 보따리를 든 장쇠가 나왔어요.

"헉!"

장쇠는 문 앞에 서 있는 사또와 도로시 일행을 보고는 눈이 황소만 하게 커졌어요.

"네 이놈! 어디를 가느냐?"

"사, 산, 산으로 나무하러 갑니다요."

"나무하러 가는 놈이 지게가 아니라 보따리를 드느냐?"

사또는 장쇠의 뒷덜미를 거칠게 잡아서 문 안으로 끌고 들어갔어요.

"어머, 우리 사또 나리한테 험악한 면도 있네. 나쁜 남자인가 봐!"

허공에서 계속 쫑알거리는 소리가 들렸어요. 안으로 들어간 사또는 자매의 새엄마도 찾아와 무릎을 꿇렸어요.

"이미 다 조사가 끝났으니 거짓말을 할 시에는 용서하지 않겠다. 장화와 홍련을 어찌한 것이냐?"

장쇠는 눈을 열심히 굴리며 이 상황을 벗어나기 위해 변명거리를 찾았어요. 하지만 사또가 품 안에서 은비녀를 꺼내어 들이대자 곧 포기하고 말았어요.

"아이고, 나리! 죽을 죄를 졌습니다요. 쇤네는 그저 마님이 시키신 대로 했을 뿐입니다요!"

그 말이 끝나자마자 새엄마가 불같이 화를 냈어요.

"이놈이! 네가 스스로 한다 하지 않았느냐?"

"아이고, 제 주제에 주인이 시키면 시킨 대로 해야 합죠. 장화와 홍련

양철 나무꾼의 수사 노트

독으로 죽음을 위장하는 것이 가능할까?

오랜 세월 동안 독극물은 누군가를 죽일 때 가장 확실한 방법이었어요. 고대 로마 귀족들이나 조선의 왕들이 갑자기 죽음을 맞는 경우, 독살이 의심되더라도 정작 증거를 찾기란 매우 어려웠지요. 왜냐하면 독의 종류가 워낙 많았거든요. 뱀의 독은 아주 적은 양만으로도 죽을 수 있고, 납처럼 오랜 시간에 걸쳐 몸에 조금씩 쌓이면서 서서히 죽어가는 경우도 있답니다.

특히 비소는 옛날부터 누군가를 죽일 때 자주 사용되었어요. 유럽에서는 100여 년에 걸쳐 사용되었고, 조선 시대에는 임금이 죄인에게 내린 사약에도 들어가 있었답니다. 하지만 사체에서 비소의 흔적을 발견하는 기술은 60년이라는 긴 연구 끝에 19세기 초에야 비로소 개발되었어요.

이외에도 아편, 아코닛처럼 식물에서 뽑을 수 있는 독도 있고, 최근에는 새로운 약품을 개발하면서 우연히 독극물이 만들어지기도 한답니다.

왕의 음식에 독이 있는지 확인하기 위해 은비녀를 사용하기도 했다.

과학 수사의 꽃, 법의학

아씨가 살아 있으면 어르신의 재산을 모두 물려받는다고 분해 하셨잖아요. 이 일이 성공하면 마님이 저한테도 재산을 조금 떼어 주기로 했습니다요."

장쇠는 입을 다물 줄 몰랐어요. 사건의 진상이 술술 흘러 나왔지요. 그 이야기를 듣는 동안 장화와 홍련은 조용하기만 했어요. 범인이 새엄마였다니……. 양철 나무꾼은 어린 나이에 억울하게 죽은 자매가 너무 불쌍했어요. 마음이 다 아팠지요.

"어, 너 지금 우는 거야?"

허수아비가 양철 나무꾼의 얼굴을 보고 놀라며 말했어요.

"눈물이 아니라 기름이겠지."

양철 나무꾼은 양철 손으로 눈을 슥 닦았어요.

"아니?"

허수아비의 말대로 그건 기름이 아니라 진짜 눈물이었어요.

"그것 봐! 눈물이잖아. 헤이, 나무꾼 친구! 너도 마음이 있었나 봐!"

허수아비가 웃으며 말했어요. 그때 장화와 홍련이 눈에 눈물이 그렁그렁한 채 일행에게 다가왔어요.

"얘들아, 정말 고마워. 너희가 아니었으면 우리는 하늘로 못 가고 계속 구천을 떠돌았을 거야."

도로시 일행은 애써 미소를 지어 주었어요. 자매 귀신은 양철 나무꾼에게 다가가 볼에 뽀뽀를 쪽 했어요. 양철 나무꾼의 얼굴이 순식간에 빨갛게 달아올랐지요. 계란을 올려놓으면 금세라도 익을 것 같았어요.

"이제 너희는 어디로 갈 거야?"

도로시가 묻자 장화와 홍련은 언제 울었냐는 듯 씨익 웃으며 말했어요.

"우리는 저 사또한테 볼일이 좀 있어, 호호호!"

"아이고!"

이럴 때에도 저렇게 행동할 수 있다니, 정말 긍정적인 성격 하나는 배워야 할까 봐요. 도로시 일행은 크게 한바탕

웃고는 다시 길을 재촉했답니다.

과학 수사는 어떻게 발전했을까?

과학 수사는 언제부터 시작되었을까요? 누가 과학 수사를 처음 도입했는지, 현재 과학 수사에서 빠질 수 없는 디엔에이(DNA) 분석은 어떻게 사용되었는지 함께 알아봐요!

1302년
이탈리아의 볼로냐에 사는 바르톨로베오 다 바리냐나라는 의사가 처음으로 시신을 부검 죽은 사람의 몸속을 조사하는 일을 했어요.

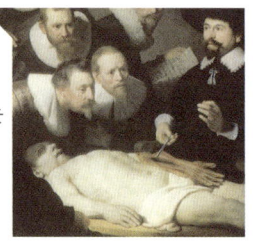

1880년
영국의 외과 의사였던 헨리 폴즈는 지문이 결정적인 증거가 될 수 있다는 논문을 처음으로 발표했어요.

1910년
프랑스의 셜록 홈스라고 불리는 범죄학자 에드몽 로카르가 리옹대학교에 세계 최초로 법과학감정소를 세웠어요.

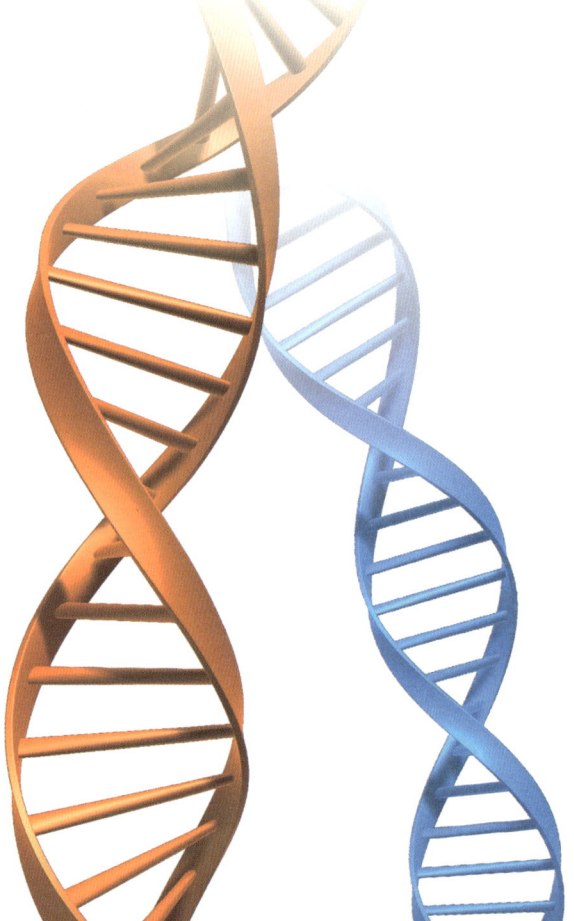

1953년
제임스 왓슨과 프랜시스 크릭이 DNA 구조를 밝혀냈어요. 이로써 유전자를 이용해 사람을 구분할 수 있는 길이 열렸어요.

1955년
우리나라에 국립과학수사연구원이 세워졌어요.

1887년
영국의 유명한 소설가이자 외과 의사였던 코난 도일은 명탐정 홈스 시리즈를 책으로 썼어요. 홈스는 과학 지식을 범죄 수사에 적극 이용했답니다.

1892년
영국의 유전·통계학자 프랜시스 골턴은 사람마다 지문이 모두 다르다는 사실을 증명했어요.

1901년
오스트리아의 병리학자인 카를 란트슈타이너가 요즘에 흔히 쓰이는 ABO식 혈액형을 발견했어요.

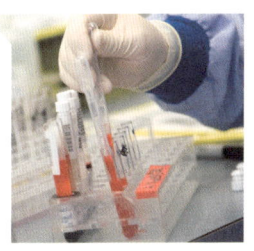

1892년
아르헨티나의 경찰 후안 부세티크는 세계 최초로 지문을 이용해 살인 사건을 해결했어요.

1987년
법과학이 가장 발달한 미국은 1987년 최초로 DNA 감정 결과를 증거로 인정했어요.

1992년
우리나라의 의정부에서 한 여중생이 피해를 입은 사건이 일어났어요. 그 사건에 처음으로 DNA 감정 결과가 이용되었어요.

1996년
미국연방수사국(FBI)은 5분 이내에 모든 사람의 지문을 입력하고 검색할 수 있는 시스템을 개발했어요.

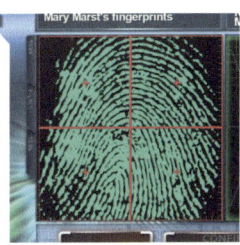

법정에 나오는 증거를 모두 믿을 수 있을까?

최근 일어나는 범죄들은 강력 범죄폭력이나 무기를 사용해 저지르는 범죄를 비롯해 그 종류와 방법 등이 놀랍도록 복잡하고 다양해졌다. 따라서 범인을 잡고 재판을 할 때까지 법과학자들의 도움이 점점 더 많이 필요하다.

증거물은 크게 두 가지로 나뉜다. 흉기사람을 해치는 데 사용되는 도구나 지문처럼 범인임을 드러내는 것과 사건 현장에 떨어진 천 조각이나 실오라기, 깨진 컵 조각, 벌레처럼 용의자를 가려낼 수는 있지만 실제로 그 사람이 범행을 저질렀는지는 확인할 수 없는 증거들이 있다.

증거물은 처음 발견된 이후 여러 사람의 손을 거친다. 사건 현장에서부터 운송, 실험, 재판 단계를 거칠 때마다 증거물을 접한 사람들은 모두 자신들의 이름과 사인을 남겨야 한다. 그래야만 증거가 훼손되지 않았다는 걸 증명하는 것이다. 하지만 각 단계에서 하나라도 의심스러운 일이 생기면 그 증거는 인정받지 못한다.

1994년 미국의 유명한 미식축구선수 O. J. 심슨이 아내와 웨이터를 살해한 혐의범죄를 저질렀을 가능성이 있다고 봄로 체포된 사건이 일어났다. 사건 현장에서 발견된 혈흔과 심슨의 유전자(DNA) 정보는 일치했다. 그런데 따로 채취한 심슨의 혈액 양이 사건 중간에 무슨 이유에서인지 줄어들었다는 주장이 나왔고, 결국 심슨은 무죄 판결을 받았다. 증거가 조작되었을 가능성이 새로 생겼기 때문이다.

이렇듯 완벽해 보이는 증거들이라고 해도 법정에서 모두 선택되거나 또는 정확하게 범인을 가리키는 것은 아니다. 얼마든지 중간에 없어지거나 조작될 수 있기 때문에 진짜 범인을 잡고, 반대로 누군가 억울한 누명을 당하지 않게 하려면 증거물로 인정될 때까지 마음을 놓아서는 안 된다. 사건 현장을 꼼꼼하게 조사하여 증거를 찾고, 그 증거물을 정확하게 검사한 후, 재판 때까지 철저하게 관리해야만 용의자를 법정에 보내고 공평한 판결을 받게 할 수 있을 것이다.

증거를 내보이는 검사. 피고가 범인임을 밝혀 재판에서 이기기 위해서는 증거가 확실하고 훼손되지 않는 게 매우 중요하다.

범죄 수사를 돕는 과학 여기 모여라!

과학 수사를 하는 데 이용하는 학문을 모두 '법과학'이라고 해요. 본문을 읽고 어떤 과학들이 있는지 그리고 어떻게 수사에 사용하는지 한번 정리해 보세요.

법의병리학	사체(시체)	예 죽음의 원인을 밝히기 위해 사체를 부검해요.
법의곤충학	파리	❶
법인류학	치아	❷
범죄심리학	머리카락	❸

&정답 ❶ 죽은 사람의 몸속에서 나온 파리의 유충이나 구더기 상태를 조사해서 언제 죽었는지 알아내요. ❷ 죽은 사람의 턱뼈와 치아에서 나이와 성별을 알아내요. ❸ 사건 현장에 남은 머리카락에서 유전자나 증거 물질, 범인 행동 방식을 연구해 범죄를 저지른 사람을 찾는 데 도움을 줘요.

 손도 대지 않고 돈을 훔쳐 갈 수 있다고?

철커덩!

커다랗고 두꺼운 철창 문이 열리자 사람들이 줄줄이 밖으로 나오기 시작했어요. 맨 앞에는 인상이 험악한 두목이 서 있었어요. 두목은 뒤를 돌아보며 외쳤어요.

"번호!"

그러자 한 명씩 순서대로 숫자를 외치기 시작했어요.

"39!"

그 뒤로 더는 외침이 들리지 않자 두목이 의아해하며 물었어요.

"왜 하나가 비지? 누가 빠진 거야?"

"압둘입니다. 아까 배 아프다고 화장실에 갔어요."

"우리가 출소하는 역사적인 순간에 화장실을 가다니, 쯧."

그때 압둘이 바지를 추어올리며 철문 사이를 빠져나왔어요. 그가 나오자 철문이 쾅 하고 닫혔지요.

"이제야 모두 모였군."

두목은 만족스런 미소를 지으며 부하들에게 선언했어요.

"드디어 40인의 도둑이 다시 활동할 시간이다! 단, 지금까지와는 달리 도둑질 따윈 하지 않을 것이다!"

바깥 세상에 나와 들떠 있던 도둑들은 깜짝 놀랐어요. 도둑질 이외에 다른 일은 해 본 적도 없고, 하고 싶지도 않았거든요. 부하들이 웅성거리는 건 신경도 쓰지 않고 두목은 계속 말을 이어 갔어요.

"우리가 감옥에 있는 동안 세상은 많이 바뀌었다. 특히 컴퓨터나 스마트폰과 연관된 IT(아이티) 산업은 따라잡기가 힘들 정도지. 즉, 사이버 시대에 어울리는 도둑질을 해야 한다는 말이다!"

그때 압둘이 쭈뼛쭈뼛 손을 들었어요.

"저, 두목님. 사이버가 뭐예요?"

"끝이 없는 넓은 공간이지! 그곳에서는 못 할 것이 없어. 우린 더 빨리 부자가 될 거야, 하하하!"

부하들은 모두 안도의 한숨을 내쉬었어요. 뭔지는 잘 모르겠지만 어쨌든 도둑질을 그만두는 것은 아닌 것 같았거든요.

"자, 가자! 사이버 범죄의 세계로!"

40인의 도적들은 신 나게 휘파람을 부르며 쌩 하고 사라졌답니다.

같은 시각 도로시 일행은 높은 산을 넘고 있었어요.

"헥헥, 뭐 이리 높아. 대체 마을은 어디에 있지?"

허수아비가 투덜거리며 말했어요.

"오늘 밤에 이슬을 피할 곳이 필요한데……."

양철 나무꾼이 몸에 녹이 슬까 봐 걱정하며 중얼거렸어요. 도로시는 열심히 지도를 보고 있었어요.

"근처에 일곱 난쟁이의 집이 있어. 일단 거기로 가자!"

그때 첫째 난쟁이는 자기 집에서 전화통화를 하고 있었어요.

"여기는 동화 은행인데요. 큰일 났습니다!"

"에? 무슨 일인데요?"

"은행 홈페이지가 공격을 당해서 고객님의 돈이 인출될 우려가 있습니다."

"헉! 그, 그럼 어떻게 하죠? 그 돈은 우리 형제들이 광산에서 힘들게 일하며 모은 돈이에요!"

"비밀번호하고 아이디 아시죠?"

"네!"

"곧 경찰서에서 수사 협조를 위해 전화를 할 겁니다. 경찰의 말대로 해 주시면 됩니다."

잠시 후 다시 전화벨이 울렸고, 첫째 난쟁이는 경찰과 통화를 했어요.

"안녕하세요! 저는 사이버 수사대에 근무하는 압둘이라고 합니다. 먼저 불러드리는 홈페이지로 가신 다음에, 인증서 및 보안카드의 암호를 입력해 주세요."

잔뜩 긴장한 첫째는 경찰이 시키는 대로 했어요.

같은 시각, 막내 난쟁이는 컴퓨터로 채팅 컴퓨터와 인터넷을 이용해 다른 사람

보이지 않는 공격, 사이버 범죄

과 이야기를 하는 것을 하고 있었답니다. 그때 셋째 형이 말을 걸었어요.

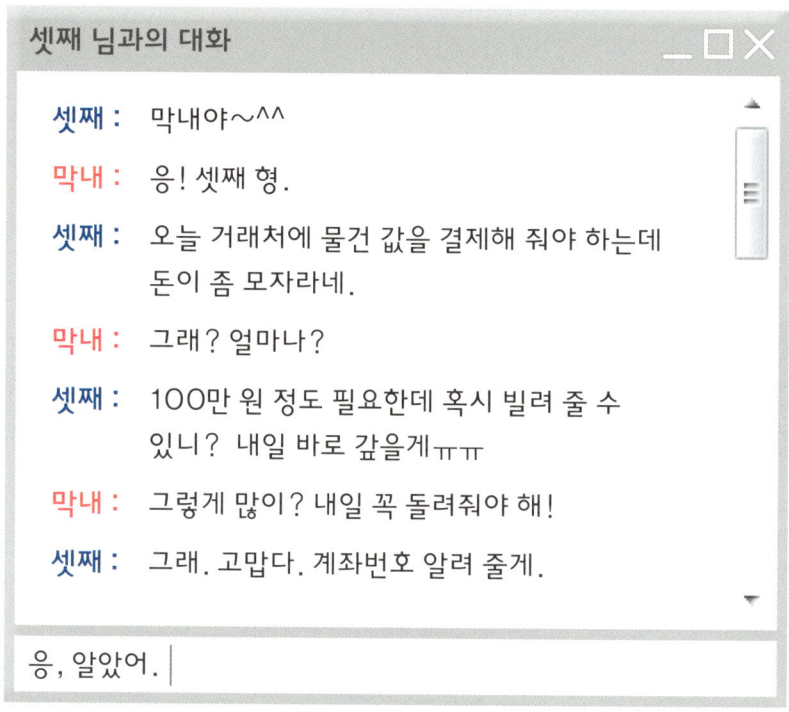

막내는 셋째 형이 알려 준 계좌로 별다른 의심 없이 돈을 보냈어요. 잠시 후 셋째 형이 막내네로 놀러왔어요. 막내가 물었어요.

"형! 거래처에는 돈을 잘 보냈어?"

셋째 형은 의아한 표정을 지었어요.

"무슨 돈?"

"형이 아까 보내 달라고 한 돈!"

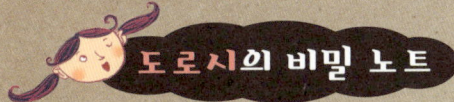

해킹으로 정보가 줄줄 새어 나가요!

최근 몇 년간 유명한 쇼핑 사이트, 대형 통신사, 메신저를 운영하는 포털 사이트 등에 가입한 회원들의 정보가 바깥으로 몰래 빼돌려지는 일이 많아졌어요. 적게는 수백만 명, 많게는 수천만 명에 달했죠. 이렇게 다른 사람의 컴퓨터 시스템에 몰래 침입해 정보를 가져가거나 자료를 망치는 일을 해킹이라고 해요.

이렇게 빼돌려진 정보는 대부분 범죄에 이용돼요. 당사자들도 모르게 신용카드를 몰래 만들기도 하고, 난쟁이들이 당한 것처럼 보이스피싱 전화나 컴퓨터로 사람들에게 연락해 사기를 치는 범죄에 이용되기도 하지요.

정부와 각 기관들은 보안 시스템을 강화해 피해를 줄이고 있지만, 범죄 자체를 막을 수는 없는 상황이에요. 따라서 정부, 기업, 사용자들이 모두 함께 주의를 기울이고, 피해를 당했을 경우 곧바로 신고해 수사를 빨리 하는 일이 무엇보다도 중요하답니다.

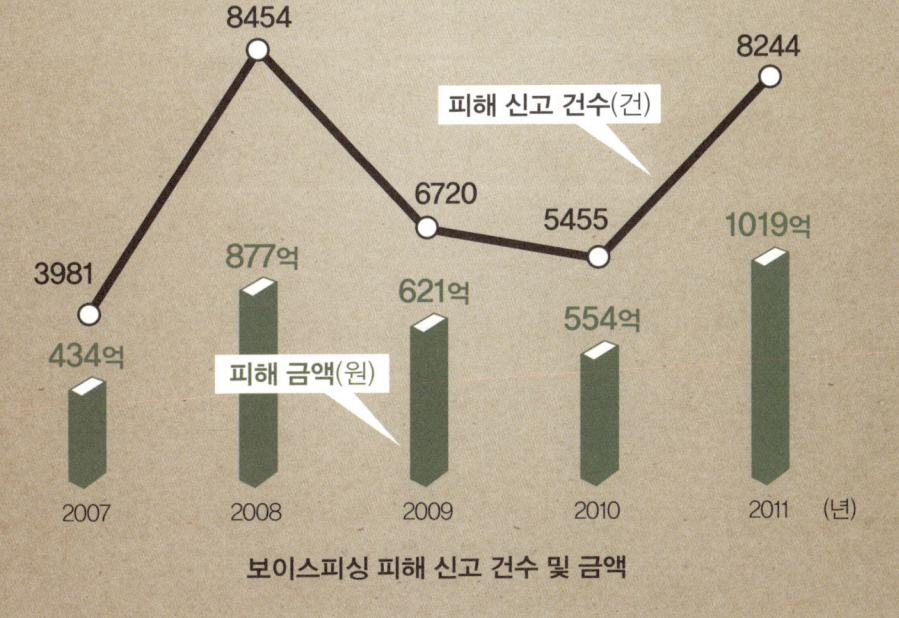

보이스피싱 피해 신고 건수 및 금액

"난 그런 적 없는데?"

"에이, 장난치지 마!"

막내의 얼굴은 조금씩 흙빛으로 변해 갔어요. 그때 첫째 난쟁이가 우당탕탕 집 안으로 뛰어 들어오며 외쳤어요.

"큰일 났어! 은행에 있던 우리 돈을 누군가 다 빼갔어!"

나를 도둑맞았어!

도로시 일행은 겨우겨우 해가 지기 전에 난쟁이들의 집에 도착했어요. 하지만 눈앞에 펼쳐진 광경에 깜짝 놀라고 말았어요. 난쟁이들의 모습이 황당했거든요. 땅바닥에 주저앉아 엉엉 우는 사람, 허공에 대고 삿대질을 하는 사람, 넋을 잃은 채 멍하니 서 있는 사람 등 모두 제각각이었지요.

"저, 무슨 일이 있나요?"

도로시가 묻자 난쟁이

들이 일제히 으앙 하고 울음을 터뜨렸어요. 난쟁이들이 사기를 당한 걸 알고 도로시 일행은 너무 화가 났어요. 일곱 난쟁이들이 광산에서 힘들게 일해 번 돈인데 전부 훔쳐 가다니!

"이 사건은 네가 좀 활약해 줘야겠다."

허수아비가 양철 나무꾼을 툭 치면서 말했어요.

"그게 무슨 말이야?"

"사이버 범죄잖아. 양철로 대충 만들어서 그렇지 너도 로봇이잖아. 네가 딱이야!"

"저기, 난 그냥 양철로 만든 깡통인데…… 흑!"

어찌 됐든 도로시 일행은 당분간 난쟁이의 집에 머물면서 사건을 조사해 보기로 했어요. 도로시는 저녁도 먹지 않고 바로 컴퓨터를 살펴보기 시작했지요.

"흠, 두 사람의 이름과 연락처를 알고 접근했다는 건 개인 정보를 알고 있었다는 건데……."

한참 후 도로시는 첫째 난쟁이의 컴퓨터에서 수상한 아이피(IP) 컴퓨터 통신을 이용하여 여러 가지 정보를 제공하는 사람이나 기업을 일컫는 말로 일종의 주소 역할을 한다를 발견할 수 있었어요. 그 아이피를 추적한 결과, 마지막 주소는 '다 팔아 PC방'이었지요. 도로시가 막내 난쟁이의 컴퓨터도 조사해 보니 역시 같은 주소가 나왔어요. 도로시가 중얼거렸어요.

"흠, 범인들은 자기들이 있는 곳을 감추기 위해 PC방을 종종 이용해. 그곳은 많은 사람들이 오가는 곳이기 때문에 범인을 밝혀내기가 쉽지 않거든."

도로시 일행은 수상한 PC방에 직접 가 보기로 했어요. 일행이 가게로 들어갔을 때는 한낮이었는데도 수십 명의 사람들이 컴퓨터를 하고 있었어요. 모두 인상이 험상궂어 보였지요.

"무슨 일이시죠?"

PC방 사장이 일행에게 다가와 물었어요.

"사이버 범죄를 조사하고 있어요. 피해자의 컴퓨터에서 이곳 아이피가 발견되어서요."

허수아비가 차근차근 설명했지만, 주인은 버럭 소리를 지르며 화를 냈어요.

"그럴 리가요! 우리 손님들은 모두 착한 사람들입니다!"

그 순간 컴퓨터 앞에 있던 손님들이 하나둘씩 일어나기 시작했어요.

"무슨 일입니까?"

"저 사람들이 두목 아, 아니, 사장님을 괴롭혀요?"

험상궂은 사내들이 저마다 한마디씩 하며 도로시 일행을 노려보았어요. 일행은 뒷걸음질을 치며 그곳을 나올 수밖에 없었지요.

하지만 모든 건 연극이었어요. 도로시 일행이 나가자마자 PC방 사장과 손님들은 껄껄 웃으며 두 팔을 들고 서로 손바닥을 마주쳤어요.

"어디서 겁도 없이 우리에게 도전이야?"

"그래도 40인의 사이버 도적단을 쫓아 여기까지 오다니 놀라운데요."

사장, 아니 두목은 그 말을 듣고 잠시 생각에 잠겼어요.

'그래, 더는 위험해. 움직일 때가 된 것 같군.'

두목은 부하들에게 명령했어요.

"이곳에서 철수하고 작업장을 옮긴다, 실시!"

한편 PC방을 나온 도로시 일행은 시간이 지날수록 찜찜한 기분을 감출 수가 없었어요. 분명 '다 팔아 PC방'이 수상한 게 맞는데……. 그때 허수아비가 손가락을 탁 튕기며 외쳤어요.

"맞아! 그 방법이 좋겠다!"

일행은 모두 허수아비를 멀뚱멀뚱 쳐다보았어요.

"범인은 빼앗은 돈을 은행에서 찾아야 했을 거야. 그럼 은행의 시시티브이(CCTV)에 찍히지 않았을까?"

"그거 좋은 생각인걸!"

도로시가 손뼉을 치며 기뻐했어요. 일행은 그 길로 곧장 사이버 수사대에 도움을 요청했어요. 그리고 난쟁이들이 사기를 당한 시각부터 주변 은행의 CCTV를 전부 확인했지요.

"앗, 저 사람은?"

CCTV에서 모자를 눌러 쓰고 주위를 두리번거리며 등장한 사람은 바로 PC방 사장이었어요.

"역시! '다 팔아 PC방'이 맞았어!"

도로시 일행과 사이버 수사대는 곧장 PC방을 덮쳤어요. 짐을 싸던 도적들은 깜짝 놀라 허둥지둥 도망가기 바빴지요. 하지만 사이버 수사대

도로시의 비밀 노트

CCTV로 누군가를 감시할 수 있다고?

최근 CCTV가 점점 더 많이 설치되고 있어요. 예전에는 은행처럼 꼭 필요한 곳에서만 사용하였지만, 요즘에는 거리 곳곳은 물론이고 버스, 학교, 가게 등 여러 곳에 설치된답니다.

최근에는 비명 소리가 나면 자동적으로 반응해 소리가 난 곳을 촬영하는 CCTV도 개발되었다.

CCTV는 사건이 일어난 후에 증거 자료로 쓰이지만, 그 전에 범죄를 예방하는 효과도 있어요. CCTV가 설치되었다는 건 그곳의 모습이 실시간으로 계속 찍힌다는 뜻이거든요. 물론 아직까지 영상이 선명하지는 않지만, 3차원 스캐너를 비롯해 여러 가지 과학 기술을 사용하면 범인의 얼굴이나 자동차의 번호판 등을 확인할 수 있답니다.

하지만 거리에 CCTV가 늘어나면서 사람들의 인권을 침해한다는 주장이 일기도 해요. 지금 거리를 걷는 내 모습을 누군가가 감시하는 것이나 마찬가지니까요.

는 두목과 부하들을 모두 잡았고, 그곳에 있던 컴퓨터들까지 모두 압수_{강제로 물품을 거두어 보관함}했어요.

"어휴, 두목! 직접 훔치는 게 아니라서 잡힐 일은 없다면서요?"

수갑을 찬 압둘이 툴툴거리며 물었어요.

"이 바보야! 세상에 100퍼센트 안전한 게 어디 있냐?"

두목은 화가 나 압둘을 발로 뻥 찼어요. 두목과 40인의 도적단이 끌려가는 걸 보고 일곱 난쟁이는 눈물까지 글썽이며 계속 고맙다고 말했어요. 하지만 도로시는 기분이 무척 씁쓸했어요. 비록 범인은 잡았지만 이미 훔쳐 간 돈을 되돌려 받는 일이 쉽지만은 않았거든요.

"에휴, 아무튼 사이버 사기는 안 당하는 게 최고야!"

과학 수사로 밝혀진 진실

최면 수사로 알아낸 범인의 얼굴

2008년 7월 전북 전주. 한 강도가 택배 배달원이라고 속여 가정집에 들어갔어요. 그리고 집에 있던 두 아이를 위협해 장롱에 가둔 후 물건을 훔쳐 달아났지요. 아이들은 충격을 받아 범인의 얼굴을 기억하지 못했어요. 근처 초등학교 옆에서 장사를 하던 김모 씨도 범인을 봤지만 자세히 기억하지 못했답니다. 결국 경찰은 최면 전문가의 도움을 받기로 했어요. 최면 수사 결과, 김모 씨는 범인의 옷차림, 범인이 친구와 대화한 내용, 그 친구가 타고 온 오토바이의 모양까지 정확히 기억해 냈어요. 경찰은 그 이야기를 바탕으로 범인의 몽타주를 만들었고, 그로부터 5일 뒤 범인을 잡을 수 있었답니다. 범인의 얼굴은 몽타주와 비슷했고, 당시 입었던 옷가지는 물론 오토바이 같은 다른 증거물도 김 씨의 말과 대부분 일치했어요!

20세기 최대의 출판 사기 사건

1983년 4월 25일 월요일. 전 세계에서 200명이 넘는 기자들이 독일연방공화국 함부르크로 몰려들었어요. 잡지 회사인 슈테른이 히틀러가 직접 손으로 쓴 일기 62권을 묶어 책으로 펴냈거든요. 그 일기는 어떤 남자가 약 900만 마르크(약 49억 원)를 받고 잡지사에 판 거였어요. 그런데 얼마 후 그 일기가 가짜라는 사실이 밝혀졌답니다! 서독 경찰 소속의 한 법과학자가 조사한 결과, 일기를 쓴 종이가 최근에 만들어졌다는 사실이 드러났어요. 경찰은 일기를 판 남자를 바로 잡아들였고, 결국 히틀러의 연설 내용을 모아 자기가 직접 가짜 일기를 썼다는 사실을 밝혀냈어요.

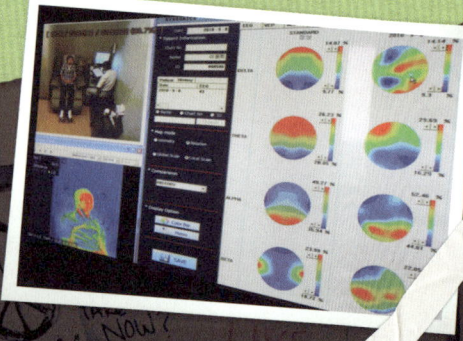

파리가 알려 준 사망 시간

"난 모든 것을 알고 있다고!"

1990년 미국 워싱턴 주에 있는 한 폐차장(낡거나 못쓰게 된 차를 처리하는 곳)에서 한 여성의 사체가 발견되었어요. 사체를 부검한 결과 여성은 누군가에게 맞아서 죽은 것이었고, 몸속에서는 파리의 알들이 나왔답니다. 그 알들을 현미경으로 살펴보니 파리가 알을 낳은 지 8시간이 채 지나지 않았다는 사실이 밝혀졌어요. 그렇다면 피해자는 발견된 그날 아침 해가 뜨기 직전에 살해됐다는 뜻이었어요. 왜냐하면 파리는 어두울 때는 거의 활동을 하지 않기 때문에, 만약 피해자가 더 일찍 죽었다면 사체로 발견될 때쯤이면 알이 아니라 구더기가 나와야 했거든요. 이로써 경찰은 피해자가 죽은 시각을 알 수 있었고, 그 사실을 바탕으로 용의자를 좁힐 수 있었답니다.

범인이 검색한 단어를 찾아라!

'범인은 현장에 다시 나타난다'라는 말은 범죄 수사의 상식이에요. 그리고 요즘에는 한 가지 상식이 더 늘었답니다. '범인은 반드시 인터넷에서 검색한다!'
2007년 경기도에서 한 초등학생이 유괴된 후 살해된 사건이 일어났어요. 얼마 후 잡힌 범인은 자기가 저지른 일이 아니라고 부인(어떤 내용이나 사실을 인정하지 않음)했지요. 경찰은 인터넷 검색 회사에 의뢰해서 범인이 그 사이트에서 어떤 단어들을 찾아봤는지 들여다보았어요. 그 결과, 범인이 시체를 버린 장소를 인터넷에서 검색한 사실이 바로 드러났답니다. 결국 범인은 자신의 범행을 사실대로 말하지 않을 수 없었어요.

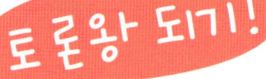

토론왕 되기!

DNA로 성씨까지 알아낸다!

대전의 한 다방에서 일어난 살인 사건. 현장에서 나온 증거는 피 묻은 휴지와 겉옷, 안과에서 처방 받은 안약이 전부였다. 법과학자들이 증거물을 꼼꼼히 분석한 결과 한 남성의 DNA가 발견되었다. 하지만 정작 비교할 용의자가 없어서 수사는 진전되지 않았고, 안약은 증거로 불충분해 보였다. 이 안약을 처방 받은 사람이 전국에 수천 명이나 되었기 때문이다. 하지만 국립과학수사연구원(이하 국과수)은 범인이 오 씨 성을 가진 사람일지도 모른다고 경찰에 알렸다. 경찰은 긴가민가했지만 그 결과를 수사에 활용했고, 거짓말처럼 범인을 잡을 수 있었다. 정말 DNA로 사람의 성씨를 알아내는 일이 가능할까?

우리나라는 오랫동안 아버지의 성씨를 따라 이름을 지어 왔기 때문에 성씨마다 특유의 DNA를 가질 가능성이 높다고 한다. 물론 100% 다 맞는 것은 아니다. 예를 들어 아이를 입양했을 수도 있고, 어머니는 같지만 아버지가 다를 수도 있기 때문이다. 하지만 참고 자료로 사용할 만한 가치는 충분하다. 이처럼 유전자를 분석해 성씨를 알아낼 수 있었던 건 지금까지 일어난 사건들을 일일이 분석하고 통계를 내어 하나의 자료로 만들었기 때문에 가능한 일이었다.

우리나라는 1990년대부터 유전자은행을 만들기 위해 노력해 왔다. 하지만 개인 정보가 함부로 사용될 수 있다는 인권 단체의 반대와 함께 국과수와 검찰청의 의견이 맞지 않아 쉽게 만들 수 없었다. 1994년 국과수와 대검찰청은 유전자자료은행 운영 법안을 정부에 제출했다. 정부는 1995년 1월 국과수를 유전자정보은행 대상 기관으로 선정했지만 대검찰청이 반대했고, 결국 두 기관 모두 아무런 성과를 거두지 못했다. 국과수는 이미 연구원 26명과 177점이나 되는 감정 장비가 모두 있는데 굳이 대검찰청 과학수사과에 또다시 만들 필요가 없다고 주장하였다. 반면 대검찰청은 '한국인에 적합한 유전자 감식 기법 특허'를 바탕으로 한 국내 최고의 유전자 감식 기술을 가졌기 때문에 자신들이 유전자은행을 운영해야 한다고 주장하였다.

이 문제는 해결되지 못하다가 2000년대 초반부터 강력 사건 등이 자주 일어나면서 다시 사람들의 관심을 끌었다. 그리고 마침내 2006년 '유전자 감식 정보의 수집 및 관리에 관한 법률'이 만들어졌다. 이 법에 따라 범죄자의 유전자 정보는 대검찰청이, 용의자와 현장 증거물에서 나온 유전자 정보는 경찰청과 국과수가 함께 관리하게 되었다.

유전자 정보는 범인을 가려내는 데 가장 정확한 증거가 된다. 하지만 개인 정보가 함부로 사용될 수 있다는 위험이 따르기 때문에 매우 중요하고 조심스럽게 다루어져야 한다. 이 문제가 각 기관의 이익 다툼 한가운데에 떠 있게 된다면 정작 법으로 보호받아야 할 사람들에게 더 큰 상처를 주는 일이 될 수도 있다. 정부와 기관들은 자신들의 이익이 아니라 국민들의 행복과 안전이 가장 먼저라는 사실을 잊지 말아야 할 것이다.

인터넷 용어를 찾아보자!

사이버 범죄, 아는 만큼 피해를 막을 수 있겠지요? 다음 설명에 맞는 낱말을 표 안에서 찾아봐요. 낱말들은 방향과 상관없이 마구 섞여 있답니다.

보기

❶ 인터넷에서 사용자를 나타내는 문자나 기호
❷ 컴퓨터에 불법으로 접속해서 프로그램을 망치는 일
❸ 인터넷으로 여러 가지 정보를 제공하는 사람이나 기업
❹ 범죄를 예방하기 위해 설치하는 장치. 화면이 달려 있다.
❺ 전화나 컴퓨터로 사람들에게 연락해 사기를 치는 범죄

보	시	미	해	킹	콩
이	범	시	은	행	도
스	인	건	티	토	강
피	사	인	물	브	아
싱	혈	증	거	이	이
사	기	피	디	도	피

정답: ❶ 아이디(ID) ❷ 해킹 ❸ 사이트(사이버) ❹ 시시티브이(CCTV) ❺ 보이스피싱

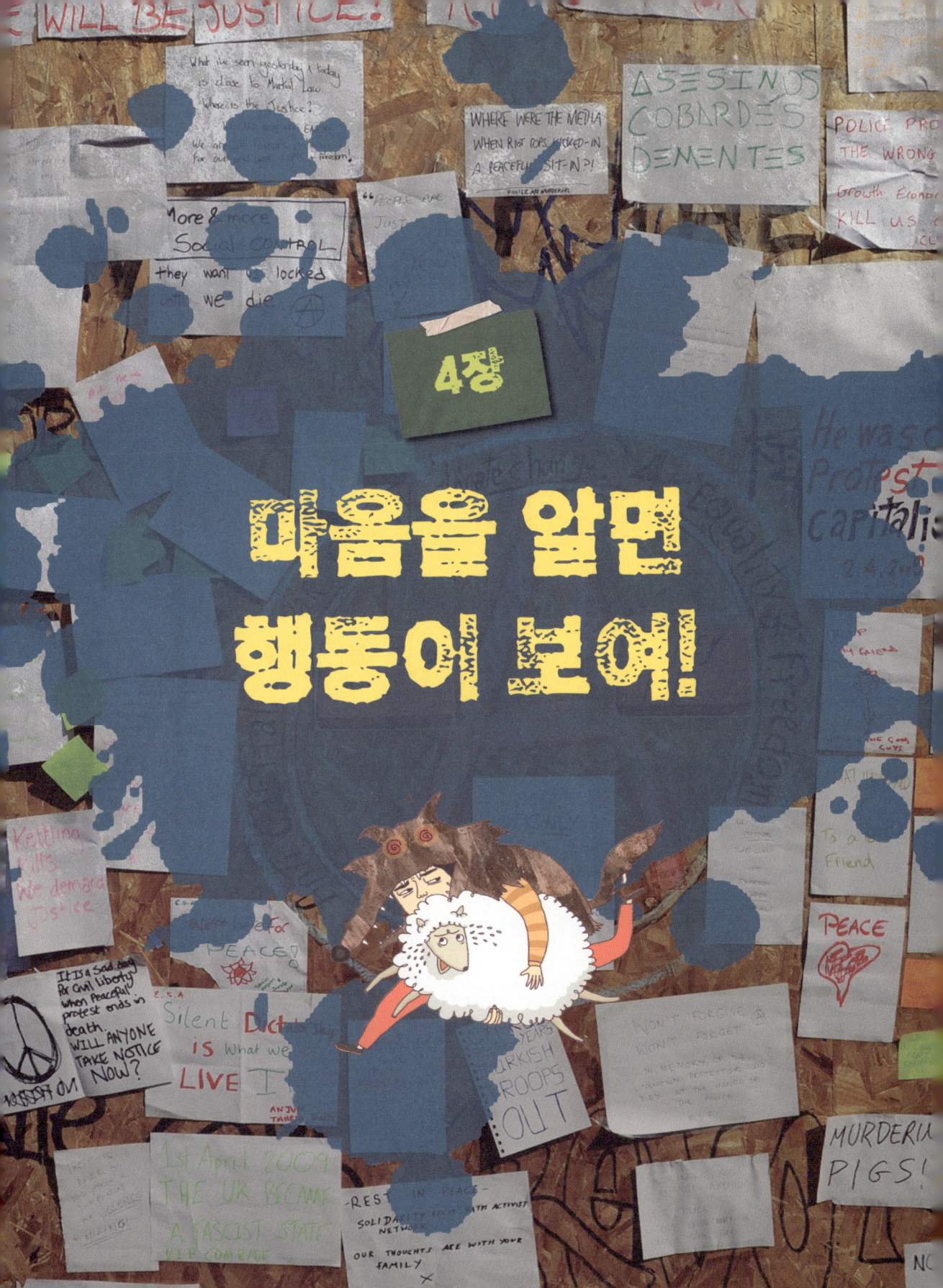

 나쁜 범죄를 저지르는 이유가 뭘까?

"켁켁, 으윽, 물, 물!"

허수아비는 빵을 먹다 사레가 걸려 급히 물을 찾았어요. 일곱 난쟁이가 감사의 표시로 준 빵이었지요.

"쯧쯧, 빵부스러기 따위를 허겁지겁 먹더니만! 고기 정도는 먹어 줘야지!"

겁쟁이 사자가 혀를 차며 말했어요.

"어쭈, 꼭 사냥이라도 해서 먹는 것처럼 말하네? 무서워서 사냥도 못 하면서."

"무섭다니! 난 평화주의자야!"

"겁이 많아서가 아니고? 솔직히 너 양도 못 잡지?"

"칫, 양 정도는 한쪽 눈을 감고도 잡을 수 있어."

"그래? 그럼 잡아 봐. 바로 저기서!"

허수아비가 눈을 찡긋 하며 어딘가를 가리켰어요.

"오호, 양 떼 목장이네! 누구 말이 맞는지 당장 확인해 보자, 큭큭."

허수아비는 팔짝팔짝 뛰며 좋아했지만, 겁쟁이 사자의 안색은 점점 변해 갔어요.

"왜? 자신이 없어?"

허수아비가 생글생글 웃으며 놀리듯 말했어요.

"무슨 소리! 몽땅 잡아도 난 책임 안 진다!"

사자는 으르렁거리며 말했지만 속마음은 달랐어요.

'으으, 양들이 떼 지어 덤비면 어떡하지?'

일행은 산 중턱에 있는 양 떼 목장으로 올라갔어요. 양들이 동그랗게 원을 그리며 풀을 뜯고 있었지요. 마치 커다란 솜사탕 같았어요.

"와, 잡기 좋으라고 양들이 한곳에 모여 있네? 그럼 시작해 볼까?"

허수아비가 사자에게 재촉했어요. 그때 갑자기 양들이 메에 울면서 여기저기 흩어지기 시작했어요. 양철 나무꾼이 건너편을 가리키며 말했어요.

"어? 저건 누구지?"

자세히 보니 풀밭 한가운데에 사람이 쓰러져 있었어요. 도로시 일행은 놀라 재빨리 뛰어갔어요. 정신을 잃고 쓰러진 사람은 한 소년이었지요. 식사를 하는 중이었던지 주변에는 밥과 반찬들이 마구 흩어져 있었어요.

"얘, 정신 차려! 일어나 봐!"

도로시가 소년의 몸을 흔들고 강아지 토토가 왈왈거리며 짖자 소년이 조금씩 정신을 차리기 시작했어요. 소년은 간신히 일어나 잠시 멍하니 있다가 벌떡 일어났어요.

"내 양들은?"

소년은 허둥지둥 주위를 두리번거리며 양들부터 찾았어요.

"양들은 저쪽에 있어. 혹시 너 양치기 소년이니?"

도로시가 묻자 소년은 그제야 안도의 한숨을 내쉬며 고개를 끄덕였어요.

"누군가 나를 공격했어요!"

양치기 소년의 말에 도로시 일행은 깜짝 놀랐어요.

"뭐? 누가?"

"그건 몰라요. 갑자기 뒤에서 덮쳐서……. 아차!"

소년은 갑자기 뭔가 생각난 듯 고개를 번쩍 들었어요.

"양이 전부 있는지 확인해 봐야겠어요."

도로시 일행은 소년을 도와 양을 세기 시작했어요.

"양 한 마리, 양 두 마리, 양 세 마리······. 하아아암, 양을 세다 보니 진짜 졸리네."

허수아비가 길게 하품을 하며 중얼거렸어요.

"······94, 95······?"

양을 다 센 소년은 얼굴이 하얗게 질렸어요. 그리고 정신없이 주위를 두리번거리기 시작했지요.

"어떡해요. 양이 다섯 마리나 모자라요!"

도로시와 친구들이 다시 한 번 세어 보았지만 결과는 똑같았어요. 양치기 소년은 그 자리에 털썩 주저앉았어요.

"아이고, 전 이제 어쩌죠? 양 주인인 총각 형님한테 혼날 거예요!"

양치기 소년은 눈물범벅이 되어 물었어요.

"흑흑, 사람들은 왜 이런 나쁜 짓을 저지르는 걸까요? 대체 무슨 생각을 하는 거죠?"

그때 마법 가방이 툭 끼어들었어요.

"흠흠, 그래서 요즘 범죄심리학이 유행이야. 예전에는 단순히 나쁜 사람이 범죄를 저지르는 것이라고 생각했지만 사실은 그렇지 않아. 범죄는 범죄자의 성격, 범행을 저지르게 된 계기, 환경의 영향 등 여러 가지 면이 모두 작용한 결과거든."

그때 겁쟁이 사자가 느닷없이 끼어들며 말했어요.

"우리가 범인을 잡자. 잃어버린 양도 찾아 주고 말이야!"

"히히, 그럼 네 사냥 실력도 볼 수 있는 거야?"

허수아비가 놀리자 사자가 화를 내며 말했어요.

"어흥, 그 전에 네 몸속 짚단부터 다 빼 버린다!"

허수아비랑 사자가 티격태격하는 동안, 도로시는 무심히 현장 조사에 나섰답니다.

 ## 잠을 자면 범인의 얼굴이 떠오른다고?

"흠흠, 증거 수집은 내가 최고지."

로빈 후드 사건에서 맹활약한 허수아비가 앞으로 나섰어요. 하지만 반나절 가까이 목장 주변을 샅샅이 조사했지만 증거가 될 만한 것은 나오지 않았어요. 게다가 양들의 배설물과 발자국들이 한데 뒤엉켜 있어서 구분하기도 쉽지 않았답니다.

"이런, 이런. 사건 현장이 너무 훼손되었어."

허수아비가 혀를 끌끌 찼어요. 그때 근처에서 주운 털 뭉치를 만지작거리던 양철 나무꾼의 손에 뭔가가 걸렸어요.

"어? 이게 뭐지?"

그건 꾸깃꾸깃 접힌 종이였어요.

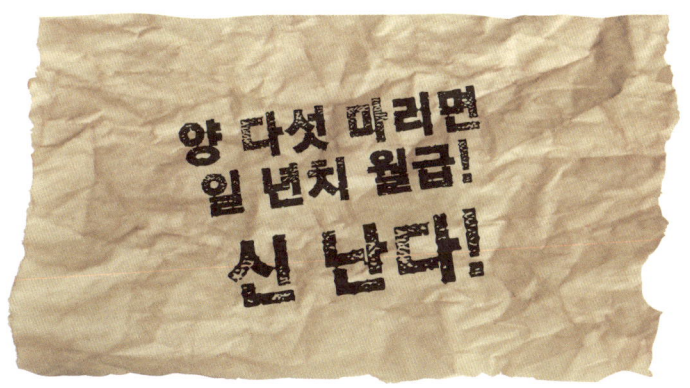

"이건 범인이 쓴 게 틀림없어! 아, 유력한 용의자가 있으면 글씨체를 비교해 볼 텐데."

허수아비가 안타까워했어요.

"이것 말고 다른 단서가 아무 것도 없어. 이젠 어쩌지?"

도로시가 실망하자 마법 가방이 다시 끼어들었어요.

"단서는 저기 있잖아? 바로 양치기 소년!"

"엥? 양치기 소년이 무슨 단서야?"

"자신을 때린 범인을 보지 못했다고 하지만 무의식 속에 남아 있을 수 있어. 최면 잠이 들도록 이끔 수사를 하면 뭔가 나올지도 몰라!"

"최면 수사?"

"최면 수사는 주로 범죄 현장에 특별한 단서가 없고, 피해자가 사건 당시를 기억하지 못할 때 사용해. 범인의 모습뿐만 아니라 사건 당시에 맡았던 냄새와 소리까지 기억할 때도 있단다."

도로시 일행은 다시 신이 나서 양치기 소년을 불렀어요. 그리고 소년을 안심시킨 뒤 최면을 걸기로 했지요.

"자, 지금부터 식사를 하기 전으로 되돌아갑니다. 하나, 둘, 셋! …… 뭐가 보이죠?"

도로시가 조용히 물어보자, 양치기 소년이 눈을 감은 채 느릿느릿 대답했어요.

"제가 점심 도시락을 꺼내고 있어요. 그때 뒤쪽에서 인기척이 나서 돌아봤는데 아아, 낯선 얼굴이 보여요."

"낯선 얼굴?"

도로시는 친구들을 둘러봤어요. 처음 듣는 이야기였으니까요. 마법 가방이 다급히 말했어요.

"얼굴을 그리게 해! 최면으로 떠올린 얼굴로 몽타주를 작성할 수 있어. 뺑소니 사건의 경우 차의 종류나 번호도 알 수 있지!"

도로시가 조급한 마음을 숨긴 채 다시 물었어요.

"그 얼굴을 그릴 수 있겠어요?"

양치기 소년은 고개를 끄덕였어요. 허수아비가 재빨리 종이를 가져다주자 소년은 쓱쓱 그림을 그렸지요.

"앗!"

완성된 얼굴을 본 일행은 모두 깜짝 놀랐어요.

"아니, 이건 늑대잖아!"

양치기 소년이 그린 종이에는 검은 무늬를 띤 늑대의 얼굴이 그려져 있었어요.

"역시 늑대의 짓이었군요? 마을 사람들은 하나도 안 믿어 줬는데!"

양치기 소년이 최면에서 깨어나 억울하다는 듯이 말했어요.

"제가 그렇게 늑대가 나타난다고 해도 사람들은 와 볼 생각도 하지 않았어요!"

도로시가 사뭇 진지하게 말했어요.

"탐문 수사를 해 보자. 여기저기 돌아다니면서 사람들한테 사건에 대해 물어보는 거야. 별거 아닌 말 속에 단서가 들어 있을 수도 있으니까 주의 깊게 듣는 것 잊지 마, 알았지?"

도로시 일행은 목장에서 꽤 멀리 떨어진 숲 속으로 들어갔어요. 낮에도 어두컴컴할 정도로 나무가 우거진 곳이었어요. 곧 일행은 늑대 한 무리를 발견했어요. 늑대 떼는 일행의 주위를 돌며 위협했답니다. 그러자 겁쟁이 사자가 일행을 헤치며 앞으로 나오기 시작했어요.

"야! 무리할 필요 없어!"

허수아비가 걱정하며 속삭였어요. 겁쟁이 사자는 벌벌 떨면서도 흡 하고 숨을 한번 들이쉬었어요. 그리고 눈을 부릅뜨고 늑대들을 향해 포효했지요.

"어흐흥!"

그 소리가 산을 뒤흔들자 늑대들은 깜짝 놀라 그 자리에 넙죽 엎드렸어요. 사자는 그 와중에도 덜덜덜 다리를 떨었지만 아무렇지 않은 듯 양치기 소년이 그린 몽타주를 내밀며 낮은 목소리로 물었어요.

"얼굴에 검은 무늬가 난 늑대를 아느냐?"

늑대들은 벌벌 떨며 간신히 눈을 들고 그림을 쳐다보았어요.

 **겁쟁이 사자의 비밀 노트**

몽타주는 정말 범인의 얼굴과 비슷할까?

범인의 얼굴을 안다면 수사를 하는 데 많은 도움이 되겠지요? 그래서 목격자의 증언에 따라 범인의 얼굴을 그리는데 그걸 몽타주라고 불러요. 원래 몽타주(montage)라는 단어는 '조립하다(Monter)'라는 프랑스 어에서 나온 말이에요. 1940년대 초반 미국의 휴 맥도널드라는 경찰이 투명한 종이에 눈, 코 등을 각각 그려 조합한 것에서 시작되었어요.

현재는 컴퓨터 프로그램으로 눈, 코, 입, 얼굴형, 머리 모양, 피부색 등 1만 개도 넘는 조합을 이용해 수십 만 개의 서로 다른 얼굴을 만들어 낼 수 있어요. 목격자의 기억만 정확하다면 몽타주는 실제 범인의 얼굴과 비슷한 경우가 많답니다.

검문소에서 범인의 몽타주를 들고 확인을 하는 모습

"저희 무리는 아닙니다. 본 적이 없어요."

"거짓말!"

사자가 소리치자 대장 늑대가 기겁하며 다급히 말했어요.

"절대 아닙니다!"

그때 마법 가방이 속삭였어요.

"거짓말 탐지기를 써 봐! 보통 거짓말을 하면 심장 박동이 빨라지고 혈압이 올라갈 뿐만 아니라 식은땀이 나기도 해. 거짓말 탐지기는 이런 변화를 모두 감지 느끼어 앎 할 수 있어!"

하지만 거짓말 탐지기를 사용한 결과 아쉽게도 늑대들의 말은 사실이었답니다.

"후유, 성과가 없네."

마지막 늑대까지 거짓말 탐지기를 무사히 통과하자 일행은 허탈해졌어요. 늑대들은 사자의 눈치를 보며 슬금슬금 숲 저편으로 사라졌어요.

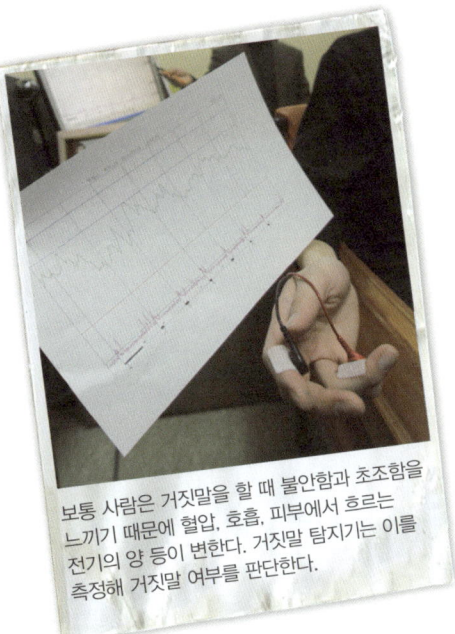

보통 사람은 거짓말을 할 때 불안함과 초조함을 느끼기 때문에 혈압, 호흡, 피부에서 흐르는 전기의 양 등이 변한다. 거짓말 탐지기는 이를 측정해 거짓말 여부를 판단한다.

 범인의 행동과 심리를 알아내는 프로파일링

도로시와 친구들은 터덜터덜 목장으로 돌아올 수밖에 없었어요. 양철 나무꾼은 증거물인 종이쪽지를 무심히 쳐다보았어요.

'가만, 이 글씨체를 어디서 본 것 같은데?'

그 순간 양철 나무꾼의 머리에 뭔가 스쳐 지나갔어요.

"잠깐, 확인해 볼 게 있어!"

양철 나무꾼은 쌩 하니 산 아래 목장 입구를 향해 뛰어갔어요. 일행은 영문도 모르고 우르르 쫓아갔지요. 양철 나무꾼은 '총각네 양 떼 목장'

이라고 쓰여 있는 간판 앞에 서 있었어요. 종이와 간판의 글씨를 연신 번갈아 보며 말이죠.

"헉헉, 뭐하는 거야?"

도로시가 숨을 가쁘게 내쉬며 물었어요.

"필적 감정 글씨의 모양이나 솜씨를 알아보는 일!"

도로시는 쪽지를 받아 들고 간판의 글씨와 비교했어요. 어라? 두 글씨가 무척 비슷했어요.

"오호라, 수상한데. 설마 양치기 소년이……?"

"하지만 우연히 비슷할 수도 있잖아. 필적 감정이란 거 믿을 수 있는 거야?"

허수아비가 의심하자 마법 가방이 끼어들었어요.

"글씨체는 지문처럼 사람마다 다 달라. 또 바꾸기도 쉽지 않지. 오른손잡이 사람이 왼손으로 글씨를 써도 원래의 글씨체가 나타난대. 전문가들은 글씨체만 봐도 일부러 글씨를 꾸며 썼는지, 글 쓴 사람의 마음이 어떠했는지 추측할 수 있어."

"그럼 정말 양치기 소년이 양을 훔쳤단 말이야? 우리가 갔을 때는 기절해 있었잖아?"

허수아비가 고개를 갸우뚱거리자, 마법 가방이 다시 귀띔했어요.

"양치기 소년을 프로파일링 해 보자."

"프로파일링? 그게 뭐야?"

"사건의 단서나 정보들을 분석해서 범인의 성격, 행동, 성별, 나이, 취미, 콤플렉스 등을 모두 알아내는 거야. 범인을 잡는 데 큰 도움이 되지."

"와, 대단한데! 은근 재미있을 것도 같아."

프로파일러? 프로파일링?

프로파일러는 프로파일링을 전문적으로 하는 사람을 말해요. 연쇄 살인 사건이나 강력 범죄가 일어났을 때 범인의 행동과 성격을 분석해 사건 해결에 도움을 주지요. 또 용의자를 잡은 후에는 직접 대면해 속마음을 알아내기도 해요. 과학 수사 요원이 주로 사건 현장에서 증거를 찾는 일을 한다면, 프로파일러는 범죄자의 심리를 주로 탐구한답니다. 그래서 증거를 찾기 힘든 연쇄 살인 사건을 수사하거나, 아무에게나 나쁜 짓을 저지르는 범인을 잡을 때 특히 유용해요.

프로파일링은 1978년 미국연방수사국(FBI)의 존 더글러스가 정식으로 범죄 수사에 사용하였어요. 우리나라는 2000년 서울지방경찰청에서 범죄행동분석팀을 만들면서 본격적으로 시작되었지요. 현재 수십 명의 프로파일러가 국내에서 활동한답니다.

프로파일러는 범죄 사건이 일어난 상황이나 단서, 용의자의 성격, 행동 유형, 성별, 나이, 직업 등의 자료를 분석하여 용의자의 범위를 좁히는 데 도움을 준다.

도로시가 눈을 반짝거리며 말했어요. 일행은 조용히 마을로 향했어요.

"아휴, 그 녀석 말도 마세요. 어찌나 늑대가 나타났다고 거짓말을 해 대는지 도통 믿을 수가 없다니까요!"

"과일 외상값을 아직도 안 줘요!"

"그놈 아주 허풍이 세요. 산에서 늑대를 혼자 잡았다나 뭐라나. 그걸 누가 믿겠어요?"

마을 주민들은 하나같이 양치기 소년에 대해 안 좋은 이야기만 했어요. 도로시 일행은 일단 탐문 수사 결과를 하나로 모았어요. 허수아비는 모은 정보를 모두 벽에 붙여 놓았지요. 일행은 그 정보들을 열심히 분석했어요. 허수아비는 양치기 소년을 칭찬한 사람이 한 명도 없었다는 사실에 주목했어요. 그 말은 평소 행동이 결코 좋지 않았다는 뜻이었지요.

"흠, 아무래도 자작극 남을 속이기 위해 자기가 직접 꾸민 사건 일 가능성이 높아졌어. 그런데 결정적인 증거가 없네!"

허수아비가 안타까워하자 겁쟁이 사자가 말했어요.

"함정 수사를 하면 어떨까? 모두 떠난 척하고 몰래 숨어서 지켜보는 거야!"

모두들 그 방법이 괜찮은 것 같았어요. 다음날 도로시 일행은 산으로 올라가 양치기 소년에게 말했어요.

"양을 훔친 건 늑대인 것 같아. 아마 또다시 양이 없어져도 네 잘못은 아니니 걱정하지 마. 우리가 떠나는 길에 주인한테 잘 얘기해 줄게."

도로시 일행은 소년과 작별 인사를 하고 떠나는 척 연기를 했어요. 그리고 숲 속 지름길을 이용해 다시 목장 뒤로 올라갔지요.

한동안 별 다른 일은 생기지 않았어요. 하지만 얼마 후 양치기 소년은 자리에서 벌떡 일어나 숨을 깊게 들이마셨어요. 그리고 갑자기 아래를 향해 소리치기 시작했어요.

"늑대가 나타났다! 늑대가 나타났다!"

소년이 연달아 10여 번을 외쳤지만 마을에서는 아무런 반응도 없었어요. 그제야 양치기 소년은 씩 웃으며 중얼거렸어요.

"킥킥, 다시 시작해 볼까?"

그때 산 아래쪽에서 검은 그림자가 쑥 나타났어요. 바로 검은 무늬 늑대였지요. 언덕 뒤에 숨어서 지켜보던 도로시 일행은 깜짝 놀랐어요. 그건 진짜 늑대가 아니라 늑대 탈을 쓴 사람이었거든요! 양치기 소년은 그 사람을 힐끔 보더니 모르는 척 자기 할 일을 했어요. 그러자 늑대 탈을 쓴 사람은 살금살금 걸어가 품 안에서 장난감 몽둥이를 꺼내어 소년의 뒤통수를 슬쩍 쳤지요. 소년은 마치 잠이 드는 것처럼 스윽 쓰러지는 흉내를 냈어요.

범인은 소년의 주머니에 뭔가를 넣은 다음 양 떼 쪽으로 움직였어요. 그러고는 4마리를 골라 산 아래로 몰고 가기 시작했지요. 도로시 일행은 너무나 기가 막혔어요.

"그러니까 주인 몰래 양을 파는 게 맞지? 그걸 감추려고 늑대한테 공격당한 것처럼 꾸민 거고?"

허수아비의 말이 끝나기가 무섭게 겁쟁이 사자가 덤불 밖으로 뛰어나갔어요.

"어흥!"

사자의 기세에 눌려 늑대 탈을 쓴 사람은 그 자리에 주저앉고 말았어

요. 양치기 소년도 깜짝 놀라 자리에서 벌떡 일어났지요.

사자는 두 사람을 한곳으로 몰았어요. 허수아비가 소년의 주머니를 뒤지자 역시 돈 한 뭉치가 나왔지요.

"이놈! 돈 때문에 자작극을 벌이다니!"

겁쟁이 사자가 펄펄 뛰며 말했어요.

"저는 양털을 반값에 판다기에 이 꼬마가 하라는 대로 했을 뿐입니다!"

범인이 벌벌 떨며 변명했어요. 그 사람은 바로 아랫마을에 사는 양털 회사의 사장이었어요. 총각네 목장에서 자란 양들이 워낙 맛 좋은 풀만 먹어서 양털이 보드랍고 좋다지 뭐예요. 그래서 양치기 소년과 짜고 이런 일을 꾸몄대요. 양치기 소년은 눈물을 글썽거리며 말했어요.

"흑, 처음에는 장난으로 시작했어요. 매일 산속에서 양들하고만 있다 보니 너무 심심해서……. 엉엉, 잘못했어요. 용서해 주세요!"

하지만 이번 일을 그냥 넘어갈 수는 없었어요. 도로시 일행은 목장 주인과 마을 책임자에게 이 소식을 전한 뒤 다시 길을 떠났어요.

"참, 이제 더는 겁쟁이 사자가 아니라는 걸 인정할게!"

허수아비가 윙크를 하며 엄지손가락을 추켜세웠어요. 겁쟁이 사자는 호탕하게 한번 웃더니 가슴을 쭉 펴고 당당하게 걷기 시작했답니다.

CSI, 드라마와 현실의 차이

요즘 우리나라를 비롯해 세계 여러 나라에서 범죄 수사 드라마가 많이 방송되고 있어요. 그런 드라마에 꼭 빠지지 않는 게 바로 과학 수사랍니다. 이렇게 과학 수사를 다룬 드라마가 인기를 끌면서 사람들은 실제 과학 수사에도 많은

CSI 요원은 범인을 잡기 위해 총이나 무기를 사용하고, 범인을 잡아 심문을 하기도 한다.

CSI 요원은 경찰로서 활동한다.

대부분 멋진 정장 차림이다.

지문이나 DNA 분석 결과를 수 초 후에 금방 알 수 있다.

특정 프로그램을 사용하면 범인의 얼굴, 주소, 학력, 가족 관계까지 쉽게 알 수 있다.

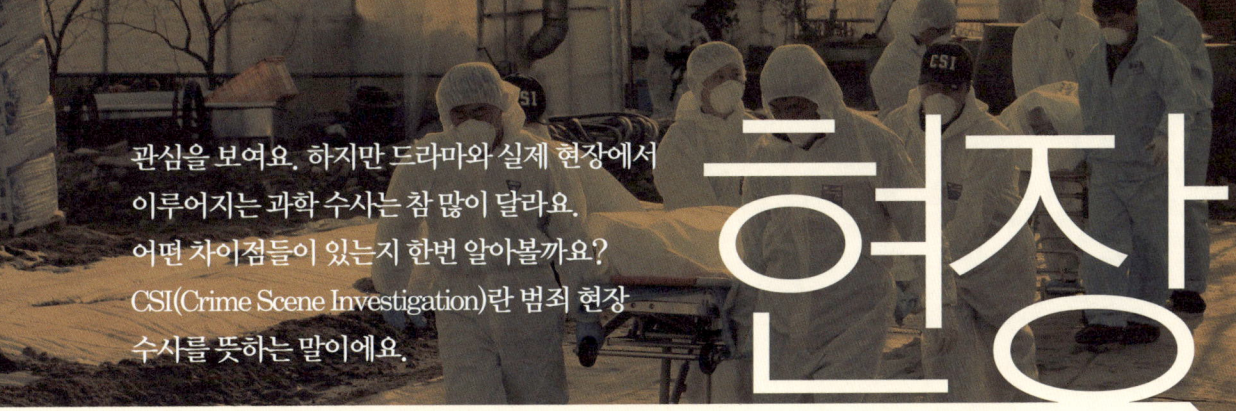

관심을 보여요. 하지만 드라마와 실제 현장에서 이루어지는 과학 수사는 참 많이 달라요. 어떤 차이점들이 있는지 한번 알아볼까요? CSI(Crime Scene Investigation)란 범죄 현장 수사를 뜻하는 말이에요.

현장

과학 수사관은 직접 범인을 잡으러 다니지는 않는다. 주로 범죄 현장에서 증거를 찾아 조사한 후 그 결과를 분석하는 일을 한다.

과학 수사관이 반드시 경찰인 것은 아니다. 국과수에서 근무하는 사람들은 주로 법과학자들이다.

CSI임을 알 수 있는 유니폼을 반드시 착용하고, 수사하는 데 편안한 옷을 주로 입는다.

지문의 경우 빠르면 1시간만에도 확인할 수 있지만, DNA의 경우 최소 3~5일 이상이 걸린다.

개인의 동의 없이 개인 정보를 함부로 사용할 수 없다.

법이 완전 범죄를 만든다?

누군가에게 들킬 것이라고 생각하며 범죄를 저지르는 사람은 거의 없다. 정말 우연히 일어난 범죄 말고는 대부분 여러 가지 경우를 치밀하게 계산하여 범죄를 저지른다. 완전 범죄란 범인이 범행의 증거가 될 만한 물건이나 사실을 전혀 남기지 않아 자기가 범인이라는 사실을 완벽하게 숨기는 것을 말한다. 이런 경우 공소 시효_{범죄를 저지른 후 일정한 기간이 지나면 재판을 요구할 수 없는 제도}가 지나면 죄가 밝혀져도 처벌을 받지 않는다.

완전 범죄가 되는 경우는 몇 가지가 있다. 첫째, 범죄가 일어났지만 아무도 그 사실을 모른 채 시간이 흘러 공소 시효가 자연스레 지났거나 또는 공소 시효가 끝난 후에야 범죄 사실이 알려진 경우이다. 둘째, 범죄가 일어난 후 바로 수사를 시작했지만 공소 시효 마지막 날까지 용의자를 알아내지 못하는 경우도 있다. 마지막으로 범인이 누구인지 알아냈지만 이미 해외로 도망을 갔거나 어디론가 숨어 버려서 공소 시효가 끝날 때까지 잡히지 않는 경우이다.

그렇다면 공소 시효는 왜 만들어졌을까? 검찰, 경찰, 법원 등에서는 하루에도 수많은 사건을 다룬다. 하지만 시간이 지날수록 범죄 사건은 그 수법이 다양해질 뿐만 아니라 한 사건을 마무리할 새도 없이 다른 사건들이 연이어 일어난다. 각 기관에서는 모든 범죄를 다 감당할 수 없기 때문에 사건들이 하나둘씩 쌓여 갈 수밖에 없다.

하지만 보통 시간이 지나면 오래된 사건일수록 사람들의 기억에서 잊혀 사건 해결에서 점점 더 멀어지게 마련이다. 그러다가 마침내 공소 시효가 끝나면 수사를 하고 싶어도 할 수 없는 상황이 되어 버린다.

지금까지 통계를 보면 살인, 강도, 강간 등 흉악한 범죄 사건 가운데 최근 몇 년간 공소 시효가 지나서 처벌을 할 수 없는 사건이 80여 건에 이르는 것으로 나타났다. 따라서 여러 사람들은 공소 시효를 없애야 한다고 주장한다.

한 어린이재단 회원들이 아동 성범죄의 공소 시효를 폐지해 달라고 주장하며 서명 운동을 벌이고 있다.

결국 2012년 8월부터 13세 미만의 여자아이나 여성 장애인을 대상으로 하는 성범죄자의 공소 시효가 폐지되었다.

범죄를 저질렀다면 그에 맞는 벌을 반드시 받고, 다시는 똑같은 잘못을 하지 않도록 주의하고 반성해야 한다. 단순히 일정 기간이 지났다고 해서 벌을 받지 않는다면 범죄는 더 많이 그리고 더 자주 일어날 가능성이 높아진다. 범죄를 예방하고 사람들을 보호하기 위해서 공소 시효가 정말로 필요한지 심각하게 논의해 볼 때이다.

요리조리 OX 퀴즈

도로시와 친구들이 과학 수사에 관해 이야기하고 있어요.
틀린 설명을 찾아 바르게 고쳐 보세요.

❶ 조선 시대에는 과학이 많이 발달하지 못했기 때문에 과학 수사를 할 수 없었어.

❷ 최면 수사는 과학 수사를 할 때마다 빠짐없이 사용하는 중요한 수사 방법이야.

❸ 프로파일러는 사건의 단서나 정보들을 분석해서 범인의 성격, 행동, 성별, 나이, 취미 등을 모두 알아내지!

❹ 별거 아닐 것 같은 곤충들이 수많은 사건을 해결해 주기도 해.

❺ 범인이 핏자국을 지웠다면 찾을 수 없어.

정답 ❶ ✕, 조선 시대에도 명탐정은 존재했지! 다산 정약용도 과학적인 근거를 가지고 범인을 잡아낸 조선 시대 명탐정이야.
❷ ✕, 최면 수사는 중요한 수사 방법이 아니다. 목격자나 피해자가 사건을 잘 기억하지 못하거나, 피해자가 말을 할 수 없을 때 사용한다.
❸ ○ ❹ ○
❺ ✕, 눈으로 보이지 않아도 용의자의 혈흔이 묻었던 곳은 모두 찾아낼 수 있단다.

 과학 수사에도 한계가 있다고?

도로시 일행이 총각네 양 떼 목장을 떠난 지 얼마 되지 않아 마법 가방이 슬쩍 말을 꺼냈어요.

"자, 이제 원하는 게 다 이루어졌지?"

모두 무슨 말인지 몰라 어리둥절했어요.

"허수아비는 두뇌를 가지게 되었고, 양철 나무꾼은 따뜻한 마음, 겁쟁이 사자는 용기를 가지게 되었잖아?"

"그러고 보니 맞는 말이네?"

허수아비와 양철 나무꾼, 겁쟁이 사자는 서로 손바닥을 맞부딪치며 즐거워했어요. 하지만 도로시는 강아지 토토를 안은 채 툴툴거렸어요.

"흥, 맞긴 뭐가 맞아? 나는 아직 집에 돌아가지 못했잖아!"

"앗, 그렇지!"

다른 친구들은 도로시에게 괜스레 미안해졌어요. 하지만 마법 가방이 유쾌한 목소리로 물었어요.

"도로시, 혹시 회오리바람에 휩쓸린 이유가 있을 거라고는 생각해 보지 않았니?"

"그건 또 무슨 소리야?"

그때 마법 가방 안에서 작은 회오리가 생겨나 휘휘 돌기 시작했어요.

"어어?"

도로시와 친구들은 깜짝 놀라 눈을 동그랗게 뜨고 쳐다보았어요. 회오리는 점점 커지면서 더 빨리 돌았고, 주변에 먼지바람이 일기 시작했어요. 일행은 바람에 휩쓸릴까 봐 멀찌감치 떨어졌지요. 잠시 후 바람이 잦아들었고, 회오리가 사라진 곳에는 가방 대신 마법사 오즈가 떡 하니 서 있었어요.

"아니!"

허수아비는 머리가 핑핑 돌았고, 양철 나무꾼은 심장이 벌렁거렸어요. 그리고 사자는 뒷걸음질을 치다 쿵 하고 엉덩방아를 찧었지요.

"그렇게 놀랄 거 없어!"

마법사 오즈가 태연히 말하자 도로시가 물었어요.

"그럼 여태 우리가 들고 다닌 가방이 설마…… 마법사님이었어요?"

오즈가 씩 웃으며 고개를 끄덕였어요.

"덕분에 편하게 여행했구나!"

"어쩐지 가방 주제에 너무 많은 걸 알고 있다 했어!"

허수아비가 심통이 나서 발을 동동 굴렀어요.

"애들아, 일부러 속이려고 한 게 아니야. 그저 너희의 과학 수사 능력을 시험해 보고 싶었을 뿐이란다."

"과학 수사 능력이요?"

도로시가 못마땅하다는 듯 물었어요.

"몇 가지 사건을 겪으며 너희도 느꼈겠지만, 요새 범죄자들이 무척 똑똑해지고 있단다. 그래서 능력 있는 과학 수사 요원들이 더 많이 필요하지. 난 이참에 '오즈 과학 수사대'를 새로 만들 생각이란다. 혹시 창단 멤버가 될 생각은 없니?"

오즈는 이렇게 말하며 특히 도로시에게 눈길을 주었어요.

도로시는 사실 마법사의 말에 솔깃했어요. 정식으로 과학 수사관이 된다니, 생각만 해도 기분이 좋았거든요. 게다가 멋진 친구들과 함께할 수 있는 것만큼 좋은 게 어디 있겠어요?

하지만 한 가지 걱정되는 일이 있었어요. 과학 수사를 해도 풀리지 않는 범죄는 어떡하죠? 범인을 잡지 못해 몇 십 년간 미궁에 빠진 사건도 있고, 죽은 뒤에도 신원을 확인하지 못한 사람들도 많으니까요. 도로시가 솔직하게 걱정거리를 얘기하자, 마법사가 고개를 끄덕였어요.

"물론 과학 수사에도 분명히 한계가 있어. 로빈 후드 사건처럼 증거를 조작하는 일도 가능하지. 사람들의 유전자 정보를 수집하고, CCTV 등을 더 자주 이용할수록 인권 침해 인간으로서 당연히 가지는 권리를 누리지 못하게 막거나 빼앗는 일 문제 역시 더 많이 이야기될 거야. 하지만 완벽한 방법이 어디 있겠니? 그런 문제들은 앞으로 우리 모두가 함께 풀어 나가야 할 숙제란다."

그때 사자가 작게 속삭였어요.

"난 말이지. 사람들이 모두 겁쟁이였으면 좋겠어."

"엥? 그건 또 무슨 소리야?"

"겁이 많으면 나쁜 짓도 할 수 없거든. 바로 나처럼 말이야, 헤헤."

"뭐라고? 푸하하하!"

사자의 말에 모두 큰 소리로 웃었어요. 양철 나무꾼이 한 손으로 자신의 가슴을 탕탕 치며 말했어요.

"나처럼 따뜻한 마음만 있다면 좋을 텐데. 다들 머리로만 생각하며 살아서 그래!"

"뭐야? 그럼 나처럼 머리가 잘 돌아가는 사람이 범죄를 저지른다는 거야?"

허수아비가 발끈하며 말했어요.

"아니, 꼭 그렇다는 게 아니고……. 넌 꼭 딴 길로 새더라!"

친구들이 또다시 티격태격하거나 말거나 도로시는 마법사에게 물었어요.

"우리가 과학 수사를 잘한다면 범죄 없는 세상이 올 수 있을까요?"

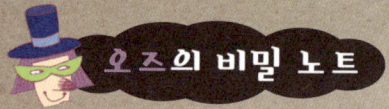

과학 수사의 한계는 없을까?

과학 기술이 발전하면서 과학 수사는 빠르게 성장했어요. 하지만 반면에 과학을 이용한 범죄도 함께 늘어났지요. 어떤 사람은 범죄를 저지르고 빠져나가기 위해 다른 사람의 머리카락이나 지문, 디엔에이(DNA) 등을 현장에 대신 놓아두기도 해요. 또 자기에게 불리한 증거를 숨기거나 없애기도 하지요.

이 모든 일조차 밝혀내는 것이 과학 수사의 목적이지만 절대 간단한 일이 아니에요. 따라서 충분한 정황 일의 사정과 상황 증거를 찾고, 탐문 수사를 하는 등 경찰의 노력과 과학 수사가 함께 어우러져야만 범인을 잡을 수 있답니다.

최고의 과학 수사관들 모두 모여라!

우리나라의 국립과학수사연구원은 지금까지 수많은 범죄 사건을 해결해 왔어요. 다양한 부서로 나뉘어 있는데 그 가운데에서 과학 수사와 관련이 깊은 부서를 알아보고, 대표적으로 어떤 일을 하는지도 살펴봐요.

법의학부
- 법의학과: 시체를 부검하여 사망 원인을 밝혀내요.
- 범죄심리과: 최면 검사를 통해 피해자와 목격자가 사건을 기억해 내도록 도와요.
- 문서영상과: 휴대전화, CCTV, 사진, 비디오 등 여러 가지 영상물을 복원해 내요.

법과학부
- 약독물과: 사람에게 해로운 독극물을 연구해요.
- 마약분석과: 용의자가 마약을 복용했는지 알아내요.
- 화학분석과: 미세(매우 작은) 증거물을 감정해요.
- 물리분석과: 화재, 총기 사고 등의 증거물을 분석해 사건의 원인을 알아내요.
- 교통공학과: 차량에 의해 발생하는 사고를 해석하고 분석해요.

유전자감식센터
- 유전자분석팀: 증거물 속에 있는 유전자를 찾아내어 검사해요.
- 유전자검색팀: 증거물에서 발견된 유전자와 일치하는 용의자를 찾아요.
- 유전자정보팀: 범죄자의 유전자 정보를 보관하고 관리해요.

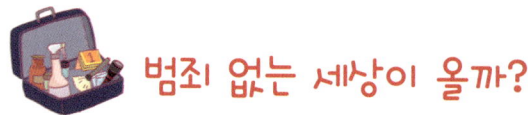 ## 범죄 없는 세상이 올까?

도로시의 질문에 오즈는 고개를 저었어요.

"글쎄, 머나먼 미래에는 가능할지도 모르지. 하지만 시간이 지날수록 범죄는 점점 더 늘어나고 발전하고 있단다. 아예 없어지는 건 불가능할 거야. 지금으로써는 범죄를 신속하게 해결하고 예방하는 길이 최선이란다. 그러기 위해서는 무엇보다 범죄를 저지르는 이유를 알아야 하지."

"칫, 범죄를 저지르는 데 별다른 이유가 있겠어요?"

도로시가 콧방귀를 뀌며 말했어요.

"바로 범죄의 이유까지 밝혀내고 연구하는 게 과학 수사관의 몫이란다. 다음 범죄를 막기 위해서라도 그 과정은 꼭 필요하지!"

마법사 오즈는 말을 마치자마자 주문을 외우기 시작했어요. 곧 요란한 소리가 울려 퍼졌지요.

펑! 펑! 펑! 펑!

잠시 후 눈부신 빛 속에서 한 무리의 사람들이 나타났어요. 바로 노팅검의 군주와 장화 홍련의 새엄마, 40인의 도적 두목, 양치기 소년이었어요.

"음냐, 음냐. 여기가 어디냐?"

두목은 잠을 자던 중이었는지 눈을 비비며 주위를 둘러보았어요. 노팅검 성주는 하늘 높이 턱을 추켜들었고, 새엄마는 요리조리 눈을 굴렸어요. 양치기 소년은 그저 불쌍한 표정을 지으며 엉거주춤 서 있었지요. 오즈가 앞으로 나서며 물었어요.

"너희가 범죄를 저지른 이유를 고백해 봐라!"

"너는 누군데 감히 내게 이래라 저래라 하는 거냐? 난 로빈 후드가 미웠고 돈을 많이 모으고 싶었을 뿐이다!"

군주가 제일 먼저 앞으로 나서며 외쳤어요.

"남편이 자기 자식들만 예뻐하는 것 같아 얄미웠어요. 재산도 걔들한테 다 준다니 너무 억울하잖아요."

새엄마의 말에 공감하며 도적 두목도 말을 꺼냈어요.

"난 그저 부하들과 떵떵거리면서 살고 싶었을 뿐이라네, 허험!"

그러자 양치기 소년도 쭈뼛거리며 말했어요.

"저는 마을 사람들이 제 말을 전혀 믿어 주지 않는 데다 심심해서……."

마법사는 고개를 끄덕이더니 손을 한 번 휙 흔들었어요. 그러자 펑 소리가 나며 사람들이 순식간에 사라졌지요. 마법사는 도로시와 친구들을 보며 말했어요.

"자, 보다시피 범죄자들한테도 나름 이유가 있단다. 그게 아무리 비뚫어진 마음과 욕심에서 나온 것이라고 해도 말이야. 범죄의 이유를 아는 것부터가 사건 해결과 예방의 시작이란다."

도로시는 생각했어요. 우선 범죄를 예방하기 위해 노력하고, 그래도 범죄가 일어난다면 그때는 과학 수사대가 앞장서서 해결하는 수밖에 없다고요. 오즈가 도로시와 친구들을 한 명 한 명 바라보며 말했어요.

"왠지 우리는 최고의 팀이 될 수 있을 것 같은데? 사건을 냉철하게 바라볼 수 있는 도로시의 눈, 허수아비의 똑똑한 두뇌, 양철 나무꾼의 따

뜻한 마음, 사자의 용맹함 그리고 엄청난 과학 수사 지식을 가진 나! 우리가 뭉친다면 아마 해결하지 못할 사건은 없지 않을까? 다들 그렇게 생각하지 않니?"

　마법사의 말에 도로시와 친구들은 서로를 바라보았어요. 저마다 눈을 빛내며 서 있었지요. 특별한 말없이도 모두 같은 생각을 하고 있다는 걸 알 수 있었어요. 토토가 자기도 끼워 달라는 듯 앞발로 도로시를 툭툭 건드리자 모두 웃음을 터뜨렸어요. 도로시는 며칠 내로 따뜻한 빵과 우유를 가지고 감옥에 있는 양치기 소년을 만나러 가야겠다고 생각했답니다.

어려운 용어를 파헤치자!

감식 1. 어떤 사물의 가치 또는 진짜인지 가짜인지를 알아내는 일이나 그런 능력
2. 범죄 수사에서 글씨체, 지문, 혈흔(핏자국) 등을 과학적으로 조사하는 일

거짓말 탐지기 상대방이 거짓말을 하고 있는지 진실을 말하고 있는지 알아내는 기계. 사람이 거짓말을 할 때 나타나는 다양한 현상(호흡의 빠르기, 혈압의 변화, 심장이 뛰는 횟수 등)을 이용한다.

검시 사망 원인을 알아내기 위해 시체를 조사해 보는 일

과학 수사 범죄 수사를 할 때 물리, 화학, 생물학, 의학, 심리학 등 다양한 지식과 기술을 사용하는 수사 방법

괴한 움직임이나 옷차림이 수상한 사람

누명 사실이 아닌 일 또는 자기가 하지 않은 일로 사람들로부터 억울하게 받는 나쁜 평가

루미놀 화학 물질 가운데 하나로 혈액(피)과 만나면 빛을 내는 성질을 가지고 있다. 따라서 피를 닦아 내도 루미놀을 뿌리면 눈에 보이지 않는 핏자국까지 모두 드러난다.

몽타주 목격자의 말을 듣고 범인의 얼굴을 그린 것

무원록 중국 원나라의 왕여가 1308년에 지은 법의학서. 우리나라에서는 조선 전기부터 이용되었지만 내용이 무척 어렵고 실제 조선의 상황과는 맞지 않는 부분이 많았다. 그러자 영조가 우리나라에 맞게 다시 고쳐 쓰도록 하였고, 그 후 새 무원록이 사용되었다.

보이스피싱 전화나 컴퓨터를 통해 불법으로 개인 정보를 빼내는 범죄

부검 시체를 해부하여 사망 원인을 밝히는 일

사체 사람 또는 동물의 죽은 몸뚱이

시시티브이(CCTV) 주변 환경이나 근처를 지나다니는 사람들을 찍기 위해 특정한 시설물에 달아 놓은 카메라 장치를 말한다. 찍힌 영상은 실시간으로 확인할 수 있고, 자동으로 녹화되어 나중에 확인해 볼 수도 있다. 범죄를 예방하기 위해 많이 사용한다.

신원 주소, 가족 관계, 직업 등 어떤 사람인지 알 수 있는 자료

아이피(IP) 컴퓨터 통신을 이용하여 여러 가지 정보를 제공하는 사람이나 기업을 일컫는 말로 일종의 주소 역할을 한다.

알리바이 범죄가 일어났을 때 범죄 현장 이외의 장소에 있었다는 사실을 주장하는 것

용의자 범인일 가능성이 있는 사람

유전자 부모로부터 물려받은 생물학적인 특징을 말한다. 디엔에이(DNA)로 이루어져 있고, 사람마다 DNA가 연결되어 있는 모습이 전부 다르다. 따라서 유전자를 분석해 보면 그 사람이 누구인지 알 수 있다.

위장 원래의 모습이 드러나지 않도록 거짓으로 꾸미는 일

익사 물에 빠져 죽음

자작극 남을 속이기 위해 스스로 꾸민 사건

장문 손바닥 위에 난 손금의 무늬

정황 일의 사정과 상황

조각수 쥐엄나무를 끓여서 우려낸 물

지문 각 손가락 끝에 나 있는 무늬. 열 손가락의 지문은 모두 다른 모양을 띤다. 또한 사람마다 다르며 평생 변하지 않는다.

진상 어떤 사물이나 현상의 참된 모습

채취 연구나 조사에 필요한 것을 찾아서 얻음

타살 남에게 죽임을 당함

탐문 잘 알려지지 않은 사실을 알아내기 위해 여기저기 돌아다니며 사람들에게 묻는 일

프로파일링 사건의 단서나 정보들을 분석해서 범인의 성격, 행동, 성별, 나이, 취미, 콤플렉스 등을 모두 알아내는 일. 프로파일링을 전문적으로 하는 사람을 프로파일러 또는 범죄심리학자라고 부른다.

혈흔 피가 묻은 자국

해킹 인터넷으로 다른 사람의 컴퓨터에 몰래 접근해 프로그램을 망치는 일

희석 물을 더하여 묽게 만듦

> 과학 수사 관련 사이트

경찰청 과학수사센터 http://www.kcsi.go.kr
경찰청 수사국에서 각종 과학 수사를 맡아 하는 과학수사센터의 홈페이지예요. DNA 관리팀, CCTV 영상분석팀, 범죄행동분석팀 등 여러 부서를 소개하고, 각 부서에서 어떤 일을 하는지도 알려 주어요. 실제로 사용되는 과학 수사 장비에는 어떤 것이 있는지, 과학 수사 요원들이 사건 현장에서 어떻게 행동하는지도 살펴볼 수 있지요.

국립과학수사연구원 http://www.nfs.go.kr
사체 부검, 독극물 검사, 유전자 분석 등 범죄 수사의 여러 분야에서 활발한 활동을 펼쳐요. 국립과학수사연구원이 해결한 범죄 사건과 그에 관련된 통계 자료, 과학 수사 관련 전문 용어 등을 모두 찾아 볼 수 있어요. 증거물 감정을 의뢰할 수도 있는데 의뢰하는 방법과 실제로 어떤 사건을 맡아 처리했는지 자세하게 나와 있답니다.

대검찰청 과학수사부
http://www.spo.go.kr/site/spo/02/10201070300002018112901.jsp
이곳은 검찰청 특수수사부가 거짓말 탐지기 2대를 들여오면서부터 운영되기 시작했어요. 마약, 문서 감정, 화재 수사, 사이버 범죄 수사 등 다양한 분야에서 활동하는 모습을 보여 주지요. 또한 여러 범죄 사건에서 어떻게 수사를 지원하는지도 살펴볼 수 있어요.

경찰 박물관 http://www.policemuseum.go.kr
조선 시대부터 현재까지의 경찰의 역사와 역할을 알아볼 수 있는 박물관이에요. 거짓말 탐지기나 지문 감식, 몽타주 만들기 같은 다양한 과학 수사를 직접 체험해볼 수 있답니다. 장래 경찰이 되고 싶은 친구들은 한번 방문해 보는 게 어떨까요?

신나는 토론을 위한 맞춤 가이드

과학 수사에 대한 이야기를 재미있게 읽었나요? 이제 과학 수사 박사가 다 되었다고요? 그 전에 마지막 단계인 토론을 잊지 마세요. 토론을 잘하려면 올바른 지식과 다양한 정보가 바탕이 되어야 해요. 책을 다 읽고 친구 또는 엄마와 함께 신나게 토론해 봐요!

잠깐! 토론과 토의는 뭐가 다르지?

토론과 토의는 모두 어떤 문제를 해결하기 위해 의견을 나누는 일입니다. 하지만 주제와 형식이 조금씩 달라요. 토의는 여러 사람의 다양한 의견을 한데 모아 협동하는 일이, 토론은 논리적인 근거로 상대방을 설득하는 일이 중요합니다. 토의는 누군가를 설득하거나 이겨야 하는 것이 아니기 때문에 서로 협력해서 생각의 폭을 넓히고 좋은 결정을 내릴 때 필요해요. 반면 토론은 한 문제를 놓고 찬성과 반대로 나뉘어 서로 대립하는 과정을 거치지요.
넓은 의미에서 토론은 토의까지 포함하는 경우가 많습니다. 토론과 토의 모두 논리적으로 생각 체계를 세우고, 사고력과 창의성을 높이는 데 도움을 준답니다.

토론의 올바른 자세

말하는 사람
1. 자신의 말이 잘 전달되도록 또박또박 말해요.
2. 바닥이나 책상을 보지 말고 앞을 보고 말해요.
3. 상대방이 자신의 주장과 달라도 존중해 주어요.
4. 주어진 시간에만 말을 해요.
5. 할 말을 미리 간단히 적어 두면 좋아요.

듣는 사람
1. 상대방에게 집중하면서 어떤 말을 하는지 열심히 들어요.
2. 비스듬히 앉지 말고 단정한 자세를 해요.
3. 상대방이 말하는 중간에 끼어들지 않아요.
4. 다른 사람과 떠들거나 딴짓을 하지 않아요.
5. 상대방의 말을 적으며 자기 생각과 비교해 봐요.

과학 없인 수사도 못하지!

과학 수사는 범죄 혹은 사건의 진실을 정확하게 밝히기 위해 여러 분야의 기술을 사용하는 수사 방법이에요. 물리학, 화학, 생물학 등의 과학과 의학, 심리학, 사회학 등을 모두 사용한답니다. 과학 수사는 무엇보다 억울한 피해를 당한 사람을 도와주는 데 큰 역할을 해요. 범인을 잡는 데 어떤 기술이 사용되는지 본문을 읽고 정리해 봅시다.

1. 현장 수사
(예) 지문을 채취한다. 사람마다 지문의 모양이 다르므로 범행 현장에 남겨진 지문을 조사해 용의자의 것과 비교해 본다.

2. 법의학

3. 범죄심리학

4. 사이버 수사

조심해, 보이스피싱!

보이스피싱은 목소리(voice 보이스)와 낚시(fishing 피싱)를 합한 단어예요. 전화와 컴퓨터로 사람들에게 연락해 개인 정보나 돈을 빼돌리는 새로운 범죄랍니다. 다음 기사를 읽고 이야기를 나누어 봅시다.

"여기는 중앙우체국입니다. 고객님의 추석 택배가 반송됐으니 신원 확인을 위해 고객님의 이름과 주민등록번호, 신용카드번호를 말해 주시기 바랍니다."

앞으로 이런 전화를 받는다면 일단 끊는 게 좋겠다. 명절을 앞두고 개인 정보를 노린 신종 전화 사기(보이스피싱)일 확률이 크기 때문이다. 우정사업본부(이하 우본)는 14일 "최근 추석을 앞두고 우체국 택배를 사칭한 보이스피싱이 늘고 있다"며 주의를 당부했다. 우본은 "이달 들어 전화 사기가 의심된다는 문의 전화가 하루 평균 60~70건에 육박하고 있다"며 "주로 추석 택배 반송을 미끼로 한 전화"라고 설명했다.

전화 사기범들은 먼저 추석 우편물이 반송됐다는 자동응답시스템(ARS) 전화로 접근한 뒤 상담원 연결 버튼을 누르면 '고객님의 개인 정보가 유출된 것 같다'며 이름과 전화번호, 주민등록번호, 신용카드번호 등을 요구하는 것으로 알려졌다. 우본 측은 "최근에는 사기범들이 조선족 말투를 쓰지 않아 구별이 더욱 어렵다"며 "우체국은 절대 ARS 전화로 반송 안내를 하지 않고, 주민등록번호나 카드번호도 묻지 않는다"고 강조했다.

우본은 특히 노인들이 사기를 당하기 쉽다고 보고 노인정과 마을 회관 등에 직접 집배원을 보내 보이스피싱 수법과 피해 예방 요령에 대해 알리기로 했다. 우체국 보이스피싱 신고 전화는 우체국 고객센터(1588-1300)로 하면 된다.

동아일보 2010/09/15

1. 보이스피싱은 무슨 뜻인가요? 그리고 피해자에게 어떻게 접근을 하나요?

2. 왜 보이스피싱 범죄가 점점 늘어날까요?

3. 보이스피싱 피해를 막으려면 어떻게 해야 할까요?

4. 보이스피싱 외에도 어떤 사이버 범죄가 있는지 알아봐요. 본문을 읽거나 관련 자료를 찾아보고, 예방법도 확인해 봅시다.

(예) 문자 메시지 피싱

논리적으로 말하기 2
전자 발찌가 효과가 있을까?

범죄자에게 전자 발찌나 팔찌를 착용하게 해서 범죄를 막자는 목소리가 커지고 있어요. 하지만 일부에서는 그 일이 인권 침해_{인간으로서 당연히 가지는 권리를 방해해 피해를 주는 일}일 수 있으며, 생각보다 범죄를 예방하는 데 큰 효과가 없다고 주장하기도 한답니다. 다음 기사를 읽고 친구와 토론해 봅시다.

엔지니어 홍광의 씨(43)가 발명한 일명 '전자 발찌 디텍터(탐지기)'의 사용 여부를 놓고 우리 사회가 고민에 빠졌다. 이 기계는 전자 발찌를 착용한 성범죄자가 일정 거리에 들어올 경우 경보음을 울려 주는 것. 전자 발찌 무용론_{필요없다는 주장}까지 등장하는 상황에서 탐지기가 성범죄 예방에 탁월한 효과를 가져올 것이라는 점은 의문의 여지가 없다. 하지만 문제는 성범죄를 저지를 의사가 없는 전자 발찌 착용자들의 인권 침해 소지도 크다는 점. 이 때문에 개발자인 홍 씨는 개인용 대신 학교, 놀이터 등 일정 시설에 설치할 때만 판매할 생각이지만 이 또한 사회적 동의가 필요하다는 지적이다.

물론 부작용을 우려하는 목소리도 많다. 서울지방변호사회 오○○ 인권 이사는 "국가가 아니라 개인이 (성범죄자를) 처벌하는 효과를 가져올 것"이라며 "탐지기가 한곳에 고정돼 있다 해도 성범죄자가 갈 수 없는 곳의 범위가 너무 넓어질 우려가 있다"고 말했다. 그는 이어 "유치원 등 일부 지역에만 제한적으로 쓰는 방법도 있겠지만 역시 법으로 규정해야 한다"며 "누구나 설치할 수 있다면 재범_{다시 범죄를 일으킴}을 막기 위한 전자 발찌 제도의 목적이 사생활 침해까지 나아갈 우려가 있다"고 말했다.

한 시민 단체 관계자는 "전자 발찌 착용자들도 학부모일 수 있는데 만약 학교에 설치한다면 해당 부모는 어떻게 학교에 가겠느냐"며 "놀이터 근처를 지나가는 전자 발찌 착용자 때문에 혼자 놀이터에 있는 성인 남성이 오해받을 수도 있다"고 말했다.

동아일보 2010/11/26

1. 전자 발찌(전자 팔찌)는 어떻게 작동하나요?

2. 위 신문 기사를 읽고 전자 발찌(전자 팔찌) 사용을 찬성하는 쪽과 반대하는 쪽 모두 생각해 보세요. 그리고 각각의 주장과 이유를 글로 정리해 봅시다.

전자 발찌 사용 찬성
이유 :

VS

전자 발찌 사용 반대
이유 :

3. 범죄자의 인권도 존중받아야 할까요? 찬성과 반대로 나뉘어 친구들과 토론해 봅시다.

범죄자의 인권도 존중해야 한다.
이유 :

VS

범죄자의 인권을 존중해 줄 필요가 없다.
이유 :

범인의 몽타주 그리기

앗, 누군가가 마트에서 물건을 훔쳐 달아났어요. 하지만 다행히 현장에 많은 사람들이 있었답니다. 목격자들의 증언대로 범인의 얼굴을 그린 것을 몽타주라고 해요. 다음에 나오는 설명대로 직접 몽타주를 그려 보세요. 그리고 친구들이 그린 그림과 비교해 보세요. 모두 비슷하게 생겼나요?

범인을 찾습니다!

> 머리는 짧은 편이었고, 눈은 가늘고 길었어요. 어떻게 기억하느냐고요? 범인이랑 눈이 마주쳤거든요!

> 남자 어른이었어. 하지만 범인이라고 하기엔 조금 착해 보이는 얼굴이었는데…… 분명 무슨 사연이 있을 거야.

> 얼굴이 약간 통통했어요. 그렇다고 살찐 건 아니에요.

> 오른쪽 눈 밑에 작은 점이 있었던 것 같아. 내가 눈이 좀 좋거든. 하하하!

예시 답안

과학 없인 수사도 못하지!

2. 법의학 : 의학과 관련된 학문이다. 사체를 부검하여 사망 원인을 밝혀내거나, 혈액형 등을 검사해 재판에서 증거로 사용하도록 돕는다.
3. 범죄심리학: 사건 현장을 분석하고 범인의 행동, 성격 등을 알아내어 범인을 잡도록 돕는다. 또한 최면이나 거짓말 탐지기를 이용하기도 한다.
4. 사이버 수사 : 컴퓨터나 휴대전화를 검사해 증거를 찾는다.

조심해, 보이스피싱!

1. 목소리(voice 보이스)와 낚시(fishing 피싱)를 합한 단어이다. 전화와 컴퓨터로 사람들에게 연락해 개인 정보나 돈을 빼돌리는 새로운 범죄를 말한다. 사람들에게 전화를 걸어 우체국 택배라고 거짓말을 한 뒤 이름, 주민등록번호, 신용카드번호 등을 알아낸다.
2. 우체국이나 경찰서 같은 공공 기관이라고 말하면 사람들은 쉽게 믿는다. 또한 전화한 사람이 누구인지 확인하기가 어렵기 때문에 다른 범죄보다 손쉽게 사람들의 돈을 빼앗을 수 있다.
3. 보이스피싱의 피해와 예방법을 사람들에게 적극적으로 알리고, 피해를 당한 즉시 신고하여 범인을 빨리 잡도록 해야 한다.
4. 문자 메시지 피싱 : 신용카드가 사용되었다는 문자 메시지를 거짓으로 보낸다. 그런 다음 전화로 연락해 결제를 취소해 주겠다고 말하며 정보를 빼내 간다.

전자 발찌가 효과가 있을까?

1. 전자 발찌를 착용한 성범죄자가 일정 거리에 들어오면 경보음이 울린다.
2. 찬성 : 범죄자가 주변에 있는지 미리 알 수 있어서 조심할 수 있다.
   반대 : 전자 발찌를 착용한 사람이 다시 나쁜 짓을 하려는 마음이 없어도 다른 사람들에게 오해를 받을 수 있다.
3. 찬성 : 범죄자가 죄를 인정하고 이미 처벌을 받았다면, 그 후에는 다른 사람들과 똑같이 대우 받을 권리가 있다.
   반대 : 이미 처벌을 받았다 하더라도 다시 나쁜 짓을 할 가능성이 높다. 또한 다른 사람들에게 범죄를 저질러도 처벌만 받으면 큰 문제없다는 생각을 하게 하는 등 안 좋은 영향을 끼칠 수 있다.

글쓴이 김진욱

여러 편의 TV 드라마와 시나리오 작가로 활동하다 두 딸의 아빠가 된 이후에 밤마다 아이들과 이야기 여행을 떠나고 그 내용을 동화로 쓰고 있습니다. 영화진흥위원회 시나리오공모전 대상과 제주문화콘텐츠 공모전 우수상 등을 수상하였습니다. 『함께 사는 로봇』, 『우당탕탕 글씨마스터』(전 5권), 『희극 악귀 수사대』(전 5권) 등을 썼습니다. 현재 사단법인 한국시나리오작가협회 이사로 활동 중입니다.

그린이 임혜경

청주에서 태어나 홍익대학교 시각디자인과를 졸업하였습니다. 《과학동아》, 《어린이과학동아》 등을 비롯한 과학 잡지와 『우리의 유네스코 세계유산』, 『사라진 공룡을 찾아서』, 『현미경 속 작은 세상의 비밀』 등의 책에 그림을 그렸습니다. 재미있는 글과 그림으로 그려 낸다는 건 흥미진진한 여행을 하는 기분입니다. 엄마와 같은 취미를 가진 아들 은규에게 이 책이 좋은 선물이 되었으면 하는 바람입니다.

초등 과학동아 토론왕 시리즈 ⑩ 동화 속 범인을 잡아라! 도로시의 과학 수사대

- 이 책에 실린 일부 내용은 《과학동아》, 《어린이과학동아》에 게재된 기사를 재인용하였습니다.
- 이 책에 실린 사진은 다음과 같이 기관으로부터 게재 허가를 받았습니다. (가나다 순)
  다만 출처를 잘못 알고 실은 사진이 있는 경우 해당 저작권자와 적법한 계약을 맺을 것입니다.

  동아일보
  위키피디아
  이미지비트